プリント形式のリアル過去問で本番の臨場感！

福岡県 学校

2025年春受験用 解答集

本書は，実物をなるべくそのままに，プリント形式で年度ごとに収録しています。
問題用紙を教科別に分けて使うことができるので，本番さながらの演習ができます。

■ 収録内容

・解答集（この冊子です）

　　書籍ID番号，この問題集の使い方，最新年度実物データ，教科別入試データ解析，
　　解答例と解説，ご使用にあたってのお願い・ご注意，お問い合わせ

・2024（令和6）年度 ～ 2022（令和4）年度　学力検査問題

・リスニング問題音声《オンラインで聴く》　詳しくは次のページをご覧ください。

○は収録あり	年度	'24	'23	'22		
■ 問題収録		○	○	○		
■ 解答用紙		○	○	○		
■ 配点		○	○	○		
■ 英語リスニング音声・原稿		○	○	○		

全教科に解説があります

注）問題文等非掲載:2024年度社会の6，2023年度国語の一と三，2022年度社会の2と6

問題文などの非掲載につきまして

　著作権上の都合により，本書に収録している過去入試問題の本文や図表の一部を掲載しておりません。ご不便をおかけし，誠に申し訳ございません。

　本文の一部を掲載できなかったことによる国語の演習不足を補うため，論説文および小説文の演習問題のダウンロード付録があります。弊社ウェブサイトから書籍ID番号を入力してご利用ください。

　なお，問題の量，形式，難易度などの傾向が，実際の入試問題と一致しない場合があります。

教英出版

■ 書籍ＩＤ番号

リスニング問題の音声は，教英出版ウェブサイトの「ご購入者様のページ」画面で，書籍ＩＤ番号を入力してご利用ください。

入試に役立つダウンロード付録や学校情報なども随時更新して掲載しています。

  書籍ＩＤ番号　**161540**

（有効期限：2025年9月30日まで）

【入試に役立つダウンロード付録】
「ラストチェックテスト（標準／ハイレベル）」
「高校合格への道」

【リスニング問題音声】
オンラインで問題の音声を聴くことができます。
有効期限までは無料で何度でも聴くことができます。

■ この問題集の使い方

年度ごとにプリント形式で収録しています。針を外して教科ごとに分けて使用します。①片側，②中央のどちらかでとじてありますので，下図を参考に，問題用紙と解答用紙に分けて準備をしましょう（解答用紙がない場合もあります）。

針を外すときは，けがをしないように十分注意してください。また，針を外すと紛失しやすくなりますので気をつけましょう。

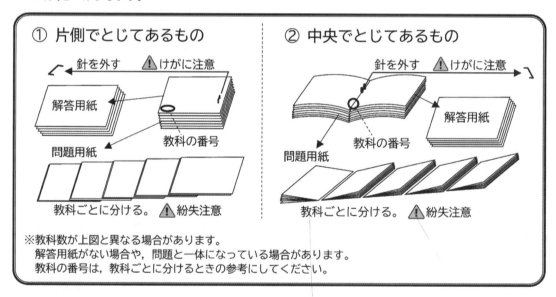

■ 最新年度 実物データ

実物をなるべくそのままに編集していますが，収録の都合上，実際の試験問題とは異なる場合があります。実物のサイズ，様式は右表で確認してください。

問題用紙	Ａ４冊子（二つ折り）
解答用紙	Ａ３プリント

分野別データ			2024	2023	2022
大問の種類	長文	論説文・説明文・評論	○	○	○
		小説・物語	○	○	○
		随筆・紀行文			
		古文・漢文	○	○	○
		詩・短歌・俳句			
		その他の文章			
	条件・課題作文		○	○	○
	聞き取り				
漢字・語句	漢字の読み書き		○	○	○
	熟語・熟語の構成		○	○	○
	部首・筆順・画数・書体		○	○	○
	四字熟語・慣用句・ことわざ				
	類義語・対義語				○
文法	品詞・用法・活用		○		○
	文節相互の関係・文の組み立て		○	○	
	敬語・言葉づかい				
文章の読解	長文	語句の意味・補充	○	○	○
		接続語の用法・補充			○
		表現技法・表現の特徴	○		○
		段落・文の相互関係		○	○
		文章内容の理解	○	○	○
		人物の心情の理解	○	○	○
	古文・漢文	歴史的仮名遣い	○	○	○
		文法・語句の意味・知識	○	○	○
		動作主			
		文章内容の理解	○	○	○
	詩・短歌・俳句				
	その他の文章				

形式データ	2024	2023	2022
漢字の読み書き	1		1
記号選択	10	8	10
抜き出し	10	6	6
記述	5	9	9
作文・短文	1	1	1
その他	1	1	1

2025 年度入試に向けて

近年は，説明的文章，文学的文章，古典，作文の大問四題の構成。長文読解の記述問題では，本文全体の主旨に関わるものや，指定語句があるものなどが出題された。本文の言葉を用いて的確にまとめる練習をしておこう。空所補充の問題は，空欄の前後の表現がヒントになることが多い。古典は，歴史的仮名遣いや返り点といった基本的な知識問題をはじめ，文章全体で言いたいことを読みとる問題も出されている。例年，200〜240 字の条件作文が出題されている。資料の内容をふまえて自分の考えをまとめる練習をしておこう。

分類		2024	2023	2022	問題構成	2024	2023	2022
式と計算	数と計算	○	○	○	小問	①(1)〜(3)，(5)計算問題	①(1)〜(4)計算問題	①(1)〜(4)計算問題
	文字式	○	○	○				
	平方根	○	○	○				
	因数分解				大問	③文字式の文章問題（連続する整数の計算の規則性）	②(1)文字式 (2)1次方程式の文章問題	③文字式の文章問題
	1次方程式		○					
	連立方程式							
	2次方程式	○		○				
統計	データの活用	○	○	○	小問	①(6)(8)(9)第3四分位数等	①(8)標本調査	①(8)(9)標本調査等
					大問		③箱ひげ図等	②箱ひげ図
	確率	○	○	○	小問		①(5)2つのさいころ	①(6)5枚のカード
					大問	②4個の色玉		
関数	比例・反比例	○	○	○	小問	①(4)反比例 (7)グラフの作成	①(6)1次関数 (7)グラフの作成	①(5)反比例 (7)グラフの作成
	1次関数	○	○	○				
	2乗に比例する関数	○	○	○				
	いろいろな関数							
	グラフの作成	○	○	○	大問	④文章問題 電気の使用量と電気料金の関係	④文章問題 道のり・時間・速さ	④文章問題 加湿器の使用時間と水の残りの量の関係
	座標平面上の図形							
	動点，重なる図形							
図形	平面図形の性質	○	○	○	小問		①(9)半円と角度	
	空間図形の性質	○	○	○				
	回転体							
	立体の切断	○						
	円周角	○						
	相似と比	○	○	○	大問	⑤平面図形 三角形，四角形 ⑥空間図形 直方体，四角すい	⑤平面図形 正方形，三角形 ⑥空間図形 円すい，円柱	⑤平面図形 円，三角形 ⑥空間図形 直方体，五角柱，三角すい
	三平方の定理	○	○	○				
	作図	○						
	証明	○	○	○				

2025年度入試に向けて

大問1は基本問題であり，大問6は難易度が高めの空間図形の問題なので，正答率に大きな差は出ないであろう。したがって，大問2〜5が合否に大きく影響するが，ここでは記述式問題が多く出題されるので，参考書などで記述式の練習をしておこう。

分野別データ		2024	2023	2022	形式データ			2024	2023	2022
音声	発音・読み方				リスニング		記号選択	7	7	7
							英語記述	5	5	5
	リスニング	○	○	○			日本語記述			
文法	適語補充・選択				文法・英作文・読解	読解	会話文	4	4	4
	語形変化						長文	1	1	1
	その他						絵・図・表	1	1	1
英作文	語句の並べかえ	○	○	○			記号選択	10	10	10
	補充作文	○	○	○			語句記述	2	2	2
	自由作文	○	○	○			日本語記述	1	1	1
	条件作文						英文記述	3	3	3
読解	語句や文の補充	○	○	○						
	代名詞などの指示内容	○	○	○						
	英文の並べかえ									
	日本語での記述	○	○	○						
	英問英答	○	○	○						
	絵・表・図を選択									
	内容真偽	○	○	○						
	内容の要約	○								
	その他	○	○	○						

2025 年度入試に向けて

質問に対して自由に答える作文の問題が多く出題される。無理に難しい単語や文法を使うことはないので，正しく書けるものを使って文を作ろう。出題されそうなテーマの作文を練習しておくとよい。
読解問題では，未習の語句の意味を本文から読み取る問題や，図表を使った問題が出題されている。いずれも過去問や類似問題を使って慣れておく必要がある。

分野別データ		2024	2023	2022	形式データ	2024	2023	2022
物理	光・音・力による現象	○		○	記号選択	7	14	17
	電流の性質とその利用	○	○		語句記述	13	8	6
	運動とエネルギー		○		文章記述	10	13	8
化学	物質のすがた		○		作図	3	3	3
	化学変化と原子・分子	○		○	数値	5	2	6
	化学変化とイオン	○	○	○	化学式・化学反応式	1	2	2
生物	植物の生活と種類	○	○	○				
	動物の生活と種類	○		○				
	生命の連続性と食物連鎖		○	○				
地学	大地の変化	○	○					
	気象のしくみとその変化		○	○				
	地球と宇宙	○		○				

2025 年度入試に向けて

例年，出題分野は大問1と2が生物，3と4が化学，5と6が地学，7と8が物理となっていて，中学校の3年間で学習した内容からまんべんなく出題されている。したがって，苦手分野がある場合には，早期に弱点を克服しておくことが重要である。答えとなる内容は，教科書の内容を十分に理解していれば対応できるものなので，教科書のまとめの問題を覚えるまで何度も解き直すといった学習方法が有効である。出題形式としては，比較的長い文章で答える問題が多く，指定語句があったり，書き出しが指定されていたりして，自分の言葉で自由に書けないこともある。よく出る記述問題を決まり文句のように覚えておくとよい。

	分野別データ	2024	2023	2022	形式データ	2024	2023	2022
地理	世界のすがた	○	○	○	記号選択	8	8	9
	世界の諸地域（アジア・ヨーロッパ・アフリカ）	○	○	○	語句記述	3	1	1
	世界の諸地域（南北アメリカ・オセアニア）	○	○	○	文章記述	4	5	2
	日本のすがた	○	○	○	作図			
	日本の諸地域（九州・中国・四国・近畿）	○	○	○	計算			
	日本の諸地域（中部・関東・東北・北海道）	○	○	○				
	身近な地域の調査							
歴史	原始・古代の日本	○	○	○	記号選択	8	12	4
	中世の日本	○	○	○	語句記述	2		3
	近世の日本	○	○	○	文章記述	2	3	3
	近代の日本	○	○	○	並べ替え	2	1	1
	現代の日本	○	○					
	世界史							
公民	わたしたちと現代社会	○	○	○	記号選択	6	7	2
	基本的人権	○	○	○	語句記述	3	6	2
	日本国憲法	○	○	○	文章記述	5	5	6
	民主政治	○	○	○				
	経済	○	○	○				
	国際社会・国際問題	○	○	○				

2025 年度入試に向けて

語句記述が少なく，記号選択や文章記述が多いという特徴がある。記号選択は基本的でわかりやすい問題が多い。文章記述は，指定語句を使った問題と２つ以上の資料から読み取る問題がほとんどである。特に２つ以上の資料から読み取る問題では，ただ増減を読み取るのではなく，２つの資料の数値から計算して比較する問題がよく出題されるので，類題を練習しておきたい。

2024 解答例
令和6年度

━《2024　国語　解答例》━

一　(1)問一. 2　　問二. 世界と自分を　　問三. 3　　問四. 数学や

問五. A. 誤った　B. エラーの中から新発見を生み出し、何かを成し遂げる

(2)問一. 世界中　　問二. 2，3　　問三. なぞ　　問四. 4　　問五. 3　　問六. ア. 4　イ. 1

二　問一. 朝月先輩から　　問二. ア. 不安や迷い　イ. 瞳の奥に秘めた強い光

問三. (1)比喩（下線部はゆでもよい）　(2)絞り出すように答える　　問四. 2

三　問一. おりて　　問二. ざらんや　　問三. 3　　問四. 右漢文

問五. (1)4　(2)イ. 寛怠　ウ. 憂危　(3)緊張し、警戒しなければならない

四　〈作文のポイント〉

・最初に自分の主張、立場を明確に決め、その内容に沿って書いていく。

・わかりやすい表現を心がける。自信のない表現や漢字は使わない。

さらにくわしい作文の書き方・作文例はこちら！→https://kyoei-syuppan.net/mobile/files/sakupo.html

及
レ
ビテハルニ

至
ルニ
安

楽
ニ

━《2024　数学　解答例》━

1　(1)−5　　(2)7a＋6b　　(3)10√2　　(4)−2　　(5)−8，9　　(6)0.35

(7)右グラフ　　(8)54.5　　(9)420

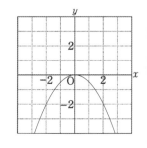

2　(1)$\frac{15}{16}$　　(2)赤玉を1，白玉を②，③，④とする。

白玉が出る確率は，Aさんの場合が，$\frac{3}{4}$

Bさんの場合が，$\frac{9}{12}=\frac{3}{4}$

確率は等しいので，白玉の出やすさに

違いがない。

```
A  B   A  B   A  B   A  B
  ②      ①      ①      ①
1<③   ②<③   ③<②   ④<②
  ④      ④      ④      ③
```

3　(1)3　　(2)A. 2(n＋1)　B. ウ

(3)連続する3つの整数は，最も小さい数をmとして，m，m＋1，m＋2と表される。

真ん中の数の2乗から1をひいた差は，(m＋1)²−1＝m²＋2m＋1−1＝m²＋2m＝m(m＋2)

(4)Q 3　C. ウ

4　(1)2320　　(2)イ　　(3)340

5　(1)点P，Qとする2点…い，う　図形…ア

(2)△AFEと△BCEにおいて

BE⊥ACだから　∠FEA＝∠CEB＝90°…①

△ADCは∠ADC＝90°の直角三角形だから　∠EAF＋∠BCE＝90°…②

△BCEは∠CEB＝90°の直角三角形だから　∠EBC＋∠BCE＝90°…③

②，③より　∠EAF＝∠EBC…④

①，④より，2組の角がそれぞれ等しいので　△AFE∽△BCE

(3)(A，B，D，E)，(C，D，E，F)　　(4)$\frac{4}{25}$

6 (1)辺BF，辺CG　　(2)$\dfrac{2\sqrt{13}}{3}$　　(3)32

──《2024　英語　解答例》═══════════

英語リスニングテスト

問題1 (1)ウ　　(2)エ　　(3)ウ

問題2 (1)Ice Cream　　(2)20 minutes

問題3 (1)ア　　(2)イ　　(3)エ

問題4 問1．(1)ア　(2)American／movie　(3)He will get a notebook.　　問2．Who decides the actors in movies?

英語筆記テスト

1 A．イ　　B．ア　　C．イ　　D．エ

2 問1．①have been talking about　②gave us information we　　問2．ウ　　問3．(1)ア　(2)イ

3 問1．ウ　　問2．Because he found Yumi was Tomoko's daughter.　　問3．それぞれの人々がもっているすばらしい思い出を，写真を通して共有すること。　　問4．エ，カ　　問5．I will visit the place in the photo again.

4 (October の例文)There are a lot of beautiful mountains in Japan.　October is the good time for hiking in the mountains. The trees are changing colors.　You can enjoy wonderful views, too.

──《2024　理科　解答例》═══════════

1 問1．2，4　　問2．A．えら　B．肺　　問3．(1)C．うろこ　D．乾燥

(2)体内で子としての体ができてからうまれる

2 問1．葉を脱色するはたらきがあるから。　　問2．ア．B，D　イ．A，B　ウ．P

問3．名称…対照　内容…光があたっているときは，タンポポの葉が二酸化炭素をとり入れること。

3 問1．空気が入らないようにするため。　　問2．黒　　問3．金属光沢〔別解〕光沢

問4．2CuO＋C→2Cu＋CO$_2$

4 問1．塩化水素　　問2．上に向けないようにする。　　問3．右図　　問4．①P　②中和

5 問1．A　　問2．流れる水のはたらきによって角がけずられたから。　　問3．示相

問4．石灰岩は気体が発生するが，チャートは気体が発生しない。

6 問1．年周運動　　問2．光を反射する　　問3．金星は地球に

近づいている　　問4．金星は地球より内側を公転している

7 問1．弾性　　問2．3　問3．右グラフ

問4．右図　　ばねBののび…2.4

8 問1．導体　　問2．3　　問3．1.8　　問4．(1)10　(2)54

4 問3の図

A液5.0mLにB液6.0mLを加えた液

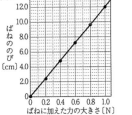

図2

図4

7 問4の図

《2024 社会 解答例》

1 問1．3　　問2．4　　問3．4→2→1→3　　問4．㋐b　㋒d　　問5．㋑b　㋢法律

　　問6．番号…1　㋕物価が上昇した

2 問1．大正デモクラシー　　問2．㋐a　㋤d　　問3．1世帯あたりの収入額が大幅に増え，家庭電化製品が普

　　及した　　問4．う→あ→い

3 問1．1　　問2．y　　問3．経済特区を設け，外国企業を受け入れる　　問4．㋐モノカルチャー経済　㋑a

　　㋒d　　問5．西ヨーロッパに比べて賃金が安く，EU加盟国の間では関税がかからない

4 問1．P．4　R．2　　問2．3　　問3．お　　問4．㋐宮城　㋤福岡　㋥人口と事業所数，高速バスの輸送

　　客数が多い　　問5．農業従事者一人あたりの耕地面積が広く，大型の機械を使って農作業をしている

5 問1．㋐教育　㋤勤労　　問2．内閣…Q　衆議院の解散…イ　　問3．住民から，直接選挙で選出されていること。

　　問4．ⓑエ　ⓒウ　　問5．⑴金融機関に集まった家計からの預金を資金として調達する

　　⑵株式〔別解〕株　　問6．⑴2　⑵老年人口の割合が増加し，生産年齢人口の割合が減少する

6 問1．3　　問2．過剰に漁獲されている魚介類の割合が増えていることで，漁獲を維持できなくなる

　　問3．私たち消費者が，マイバッグを使用することで，レジ袋の供給が減り，海洋プラスチックごみを削減するこ

　　とが期待できる。

《2024 国語 解説》

一 (1)問一 　　X　　の前の「いくつものことを積み重ねて」を具体的に述べているのが、「まず、言葉を知らなければならない〜物理学も工学も欠かせない」の部分。たくさんの知識(や技術)を積み重ね、やっとジェット機を飛ばすことができるという流れだから、2の「ようやく」が適する。

(1)問二　傍線部①をふくむ一文に「おそらくこのことが、人間、とりわけ若い皆さんが、世界と自分との間にズレを感じる理由だ」とあるので、「このこと」が指している前の部分「人間は言葉を用い〜海を『海』と名づけた。いわば世界と自分をはっきりと分けて認識している。〜言い換えれば人間は〜『自然(＝世界)』の中に生きていない」が理由にあたる。下線部が指定字数と合致している。

(1)問三　傍線部②の前に「このズレがあるからこそ、人間は〜自足することができず、自分が生きる世界を絶えずつくり替えていかなければならない」「これこそ人間だけが持っている自由」とある。また、3、4段落に「しかし現代において、人間が行っている世界のつくり替えは、あまりにも高度で複雑」であるため、様々なことを学ばなければならないということが書かれている。世界との間にズレを感じる人間は、世界を自分に合うようにつくり替え、また、そのために学ぶ。そうやって、世界をつくり替えることこそが「自由」なのだが、同時に、それは人間にとってそうせずにはいられないことで、「逃れられない」ことなのである。よって、3が適する。

(1)問四　「自然を学ぶこと」が「第一段階」で、「自然を学んだ人間がつくり出したものを学ぶこと」が「第二段階」である。傍線部③の2行前の「数学や物理学、工学」は、「自然そのものではなく、人間が自然を学びながらつくり出した体系」なので、「第二段階」で学ぶものの具体例にふさわしい。

(1)問五Ａ　最後の段落の1〜2行目の「膨大な知識の体系に分け入った若者は〜誤った理解をすることもしばしばある。物事は、教えられたとおりに学ぶとは限らないからだ」から抜き出す。　　Ｂ　最後の段落の2〜4行目の「新発見は〜エラー、あるいはアクシデントと呼ばれる事態の中でなされることが多い。人間が何かを成し遂げる力は、エラーにこそある」からまとめる。このことを踏まえて、筆者は本文の最後で、「若さとは、弱点であると同時に世界を変えていく力でもあるのだ」と述べている。

(2)問一　(1)の【文章】の「同じ研究(＝脳の「新生ニューロン」のメカニズムの研究)に取り組む研究チームは世界におよそ一〇〇チームもあり」と、【資料】のIの第2段落の2番目の文「世界中の脳科学者がこの分からない分野を相手に研究活動を続けています」が、同じような状況を言い表している。

(2)問二　「身体と／心を」、2の「優しくて／親切だった」、3の「夢や／希望が」は、二つの文節が、意味の上で対等に並んでいるので、並立の関係。　　1．「調べて／いる」は、動詞(＋助詞)と補助動詞で、下の文節が上の文節に意味を添えているだけなので、補助の関係。　　4．「意外と／簡単なので」の「意外と」は、「簡単」の程度を表しているので、修飾・被修飾の関係。

(2)問五　④「好きな」と3の「急に」は、物事の性質・状態を表し、終止形が「〜だ」となるから、形容動詞。「好きな」は連体形。「急に」は連用形。　　1．「新しい」は物事の性質・状態を表し、終止形が「〜い」となるから、形容詞。　　2．「大きな」は連体詞。活用がなく、名詞を修飾する。活用する形容詞「大きい」とは別の語。　　4．「考え」は、動詞の連用形が名詞となった、転成名詞。

二 問一　「おまえ、最近、調子どうだ」と、「質問というより、確認みたいな訊き方をした朝月先輩」に対して、「俺」は「調子どうだ、って言われてもな。俺の走りの話？　それとも……」と考え、「この夏、朝月先輩から渚台高校陸上部の部長を引き継いだこと」が頭によぎった。

問二ア　「リレーのときだけはどことなく<u>不安そうな、迷っているような……</u>」を、五字で簡潔にまとめる。

イ　「でもそれ（＝不安そうで迷っているような朝月先輩の目）は実は、<u>瞳の奥に秘めた強い光</u>に、<u>陽炎</u>のように揺らいで見えるだけなのだ」とある。陸上部への思いが強いために、部長に指名した「俺」のことを気にかけて、チームで勝つ必要のある、リレーの時のような「揺れる瞳」をしているのである。

問三(1)　「比喩」は、ある物事を、類似するものを借りて表現すること。「〜みたいだ」「〜ようだ」という、たとえる言葉を用いる「直喩」と、そのような言葉を用いずにたとえる、「隠喩」がある。　　(2)　□内の、「先輩から受け取ったものは〜かけがえのないものだ〜そのことに気付いた『俺』が、覚悟を決めて先輩に思いを伝えている」に当たるのが、本文の「不意に手の中のバトンが重みを増したように感じた〜つながなければ、と強く思った。『……確かに、受け取りました』<u>絞り出すように答える</u>」の部分。

問四　前部長の朝月先輩からバトンタッチで渡された「少し汗ばんだ青色のバトン」。それを、「切れることなくここまで届いた——そう、一本の糸みたいなものだ。その先端を、俺は今、握りしめている」と感じている。傍線部③は、その渡された思いを、リレーのようにつなぐ決意を新たにしているということ。

三　問一　古文の「わゐうゑを」は、「わいうえお」に直す。

問三　太宗は、「天下を守ること」について、「<u>賢能に任じ諫諍</u>を受くれば<u>則</u>ち可ならん。何ぞ難しと為す（＝賢者や能者を信頼して政務に任じさせ、臣下の厳しい忠告を聞きいれればよろしいではないか。どうして困難というのであるか）」と言っている。つまり、太宗は自分が臣下の忠告を受け入れれば、天下を守ることは容易だと考えている。よって、3が適する。

問四　「案楽」から「至」まで、二字隔てて返るから、一・二点を用いる。「至」から「及」は、1字返るから、レ点を用いる。

問五(1)(2)　<u>魏徴</u>の二度目の発言の、「<u>古</u>よりの帝王を<u>観</u>るに、<u>憂危</u>の間に在るときは、則ち賢に任じ<u>諫</u>を受く。安楽に至るに及びては、必ず<u>寛怠</u>を懐く（＝古来からの帝王を観察しますに、国家の憂危の際においては、賢者を任用し、諫めを受けいれます。が、一たび平和になり安楽になりますと、必ず<u>緩み怠る</u>心を持つようになります）」から、ア〜ウがわかる。　　(3)　君主を諫める臣下がこれをしなくなると、国家の危亡を招くことを述べたあとの、「聖人の安きにをりて<u>危</u>きを思ふ所以は、正に此が為なり。安くして<u>而</u>も能く<u>懼</u>る」から考える。

=《2024　数学　解説》=

1 (1)　与式＝ 7 − 12 ＝ − 5

(2)　与式＝ 10 a ＋ 5 b − 3 a ＋ b ＝ **7 a ＋ 6 b**

(3)　与式＝ $3\sqrt{2}+\dfrac{14\sqrt{2}}{2}=3\sqrt{2}+7\sqrt{2}=10\sqrt{2}$

(4)　【解き方】反比例の式は，$y=\dfrac{a}{x}$ または $xy＝a$ と表せる（a は比例定数）。

$xy＝a$ に $x＝−4$，$y＝3$ を代入すると，$(−4)×3＝a$ より，$a＝−12$

$y=−\dfrac{12}{x}$ に $x＝6$ を代入すると，$y=−\dfrac{12}{6}=−2$

(5)　与式より，$x^2＋7x＝8x＋72$　　$x^2−x−72＝0$　　$(x＋8)(x−9)＝0$　　$x＝−8$，$x＝9$

(6)　（相対度数）＝$\dfrac{（その階級の度数）}{（度数の合計）}$ だから，5分以上10分未満の階級の相対度数は，$\dfrac{23}{65}＝0.353\cdots→0.35$

(7)　$y=−\dfrac{1}{2}x^2$ において，$x＝1$ のとき $y=−\dfrac{1}{2}×1^2=−\dfrac{1}{2}$，$x＝2$ のとき $y=−\dfrac{1}{2}×2^2=−2$ だから，

$(x,\ y)＝(−2,\ −2)(−1,\ −\dfrac{1}{2})(1,\ −\dfrac{1}{2})(2,\ −2)$ を通る放物線をかけばよい。

(8)　13個のデータの第3四分位数は，$13÷2＝6$ 余り 1，$6÷2＝3$ より，大きい方から3番目と4番目のデー

タの平均である。よって，第3四分位数は，$(53+56)\div 2=$**54.5**(回)

(9) 無作為に抽出した60個のデータから，外国の文化について興味がある生徒の割合は全体の，$\dfrac{45}{60}=\dfrac{3}{4}$と推定できる。よって，求める人数は，およそ$560\times\dfrac{3}{4}=$**420**(人)

2 (1) 【解き方】1－(2個とも赤玉を取り出す確率)で求める。

1個目の取り出し方は4通りあり，その1通りごとに2個目の取り出し方も4通りあるから，2回の取り出し方は全部で，$4\times 4=16$(通り)ある。そのうち，2個とも赤玉を取り出す取り出し方は1通りだから，2個とも赤玉を取り出す確率は，$\dfrac{1}{16}$である。よって，求める確率は，$1-\dfrac{1}{16}=\dfrac{15}{16}$

(2) 解答例のように，4個の玉を区別した樹形図をかいて説明すればよい。

3 (1) 最も小さい数をnとすると，連続する3つの整数はn，n＋1，n＋2と表せるから，3つの整数の和は，$n+(n+1)+(n+2)=3n+3=3(n+1)$と表せる。n＋1は整数だから，これは3の倍数である。

(2) 最も小さい数をnとして，真ん中の数と最も大きい数の積から，最も小さい数と真ん中の数の積を引いた差は，$(n+1)(n+2)-n(n+1)=\{(n+2)-n\}(n+1)=$**2(n＋1)**と表される。また，$2(n+1)=2n+2=n+(n+2)$と変形できるから，**最も大きい数と最も小さい数の和**になることがわかる。

(3) 連続する3つの整数を，最も小さい整数をmとして，m，m＋1，m＋2と表す。式を展開して最終的にm(m＋2)となるようにすればよい。

(4) 連続する4つの整数を，最も小さい整数をaとして，a，a＋1，a＋2，a＋3と表す。
$X=a+(a+1)=2a+1$，$Y=(a+2)+(a+3)=2a+5$だから，
$XY=(2a+1)(2a+5)=4a^2+12a+5$　　これにある正の整数を加えると4の倍数になるのだから，4でくくり出せるように3を加えると，$XY+3=4a^2+12a+8=4(a^2+3a+2)=4(a+1)(a+2)$
よって，XとYの積に，正の整数3を加えた数は，**2番目に小さい数と2番目に大きい数**の積の4倍になる。

4 (1) $400+24\times 80=$**2320**(円)

(2) 【解き方】グラフの傾きに注目して，A社のグラフと比較する。

$a>400$だから，$x=0$のときのyの値はB社の方が大きいので，アは正しくない。
グラフの傾きは1kWhあたりの使用量に応じた料金と等しい。$x\leqq 200$でのA社のグラフの傾きは24である。
$b<24$だから，$x\leqq 120$でのB社のグラフの傾きはA社より小さいので，ウは正しくない。
$x>200$でのA社のグラフの傾きは20である。$c>20$だから，$x>120$でのB社のグラフの傾きはA社より大きいので，エは正しくない。よって，正しいグラフは**イ**である。

(3) 【解き方】A社のグラフのある図にC社のグラフをかきこむと，右図のように2つの交点P，Qができる。PとQの間の範囲においては，C社の方がA社より電気料金が安くなる。問題文より，Pのx座標は150とわかる。したがって，Qのx座標を求める。

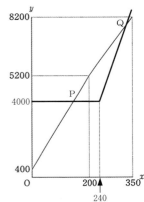

C社を利用する場合，240kWhをこえた使用量に対して1kWhあたりt円の料金がかかるとする。1か月の使用量が350kWhのときの電気料金について，
$4000+t\times(350-240)=8400$　　これを解くと，$t=40$となる。
したがって，$x>240$のときのC社のグラフの式は，
$y=4000+40(x-240)=40x-5600\cdots$①となる。
$x>200$のときのA社のグラフの式は，$y=5200+20(x-200)=20x+1200\cdots$②となる。

①，②を連立させてyを消去すると，$40x-5600=20x+1200$　　これを解くと$x=340$となり，$x>240$にあう。

よって，求める数は340である。

⑤ (1)　P，Q，Rは右図のようになる。PとQは反対でもよい。PとQが直線AR

について線対称なので，四角形APRQは直線ARについて線対称である。線対

称な図形において，対応する2点を結ぶ直線は対称の軸と垂直に交わるので，

AR⊥PQである。

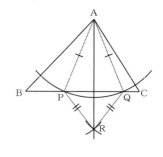

(2)　まず，問題文の仮定を図にかきこんで，証明のために必要な条件を探そう。

条件が足りない場合は，問題の内容に応じて，図形の性質，平行線の同位角・

錯角，円周角の定理などからわかることもかきこんでみよう。

(3)　【解き方】90°の角や，同じ大きさの角に注目して考える。

(2)より，右のように作図できる。∠ADB＝∠AEB＝90°だから，D，Eは

ABを直径とする円の周上にある。したがって4点，A，B，D，Eは1つの

円周上にある。また，∠CDF＝∠CEF＝90°だから，4点C，D，E，F

は1つの円周上にある。

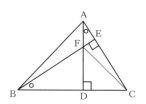

なお，∠DAE＝∠DBEで，AとBが直線DEについて同じ側にあるので，円周角の定理の逆より，4点A，B，

D，Eは1つの円周上にあると考えることもできる。

(4)　【解き方】3つの内角が30°，60°，90°の直角三角形の3辺の比は$1:2:\sqrt{3}$であることを利用し，

△ABEと四角形ABCGの面積をそれぞれ求める。

△ACD，△BCEは3辺の比が$1:2:\sqrt{3}$の直角三角形である。

また，平行線の錯角は等しいから，∠GAC＝∠BCA＝60°なので，

△GAEも同様である。

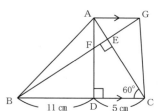

$CE=\dfrac{1}{2}BC=\dfrac{1}{2}×(11+5)=8$ (cm)，　$BE=\sqrt{3}CE=8\sqrt{3}$ (cm)，

$AC=2CD=2×5=10$ (cm)，　$AE=10-8=2$ (cm)

したがって，$△ABE=\dfrac{1}{2}×AE×BE=\dfrac{1}{2}×2×8\sqrt{3}=8\sqrt{3}$ (cm²)

四角形ABCGはAG//BCの台形である。$AG=2AE=2×2=4$ (cm)，$AD=\sqrt{3}DC=5\sqrt{3}$ (cm)だから，

四角形ABCGの面積は，$\dfrac{1}{2}×(AG+BC)×AD=\dfrac{1}{2}×(4+16)×5\sqrt{3}=50\sqrt{3}$ (cm²)

よって，△ABEの面積は，四角形ABCGの面積の，$\dfrac{8\sqrt{3}}{50\sqrt{3}}=\dfrac{4}{25}$ (倍)

⑥ (1)　面EFGHと垂直な辺は右図で○印をつけた辺である。このうち辺ADと

交わっている辺AEと辺DHは，辺ADとねじれの位置にはない。**辺BFと辺**

CGは，辺ADと平行ではなく，延長しても辺ADと交わらないので，辺AD

とねじれの位置にある。

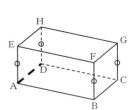

(2)　【解き方】立体の表面に長さが最短になるように引かれた線は，展開図上

で線分となる。AP，PQ，QCがある面の展開図は右のようになり，A，P，

Q，Cは一直線上にある（B′は組み立てたときBと重なる点）。

展開図において，三平方の定理より，

$AC=\sqrt{AH^2+HC^2}=\sqrt{8^2+12^2}=\sqrt{208}=4\sqrt{13}$ (cm)

△AHCにおいて，EがAHの中点でEF//HCだから，中点連結定理より，

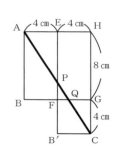

PはACの中点である。したがって，PC$=\frac{1}{2}$AC$=\frac{1}{2}\times4\sqrt{13}=2\sqrt{13}$(cm)

AH／／FGより，△AHC∽△QGCだから，AC：QC＝HC：GC

$4\sqrt{13}$：QC＝12：4   QC$=\frac{4\sqrt{13}\times4}{12}=\frac{4\sqrt{13}}{3}$(cm)

よって，PQ＝PC－QC$=2\sqrt{13}-\frac{4\sqrt{13}}{3}=\frac{2\sqrt{13}}{3}$(cm)

(3) 【解き方１】四角すいKEICJの底面である四角形EICJの面積と高さを求めてから，体積を計算する。

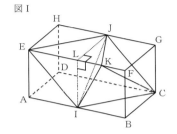
図Ⅰ

△AEI，△HEJ，△BCI，△GCJはすべて合同な直角二等辺三角形だから，四角形EICJはひし形である。したがって，２本の対角線の長さを求める。EFの中点をLとすると，右の図Ⅰのように作図でき，△LIJは直角二等辺三角形だから，IJ$=\sqrt{2}$LI$=4\sqrt{2}$(cm)…①

△GFCが直角二等辺三角形でFC$=\sqrt{2}$GF$=4\sqrt{2}$(cm)と求められるから，EKとECの長さを求めるために，図Ⅱのように△EFC上で考える。三平方の定理より，

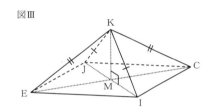
図Ⅱ

EC$=\sqrt{EF^2+FC^2}=\sqrt{8^2+(4\sqrt{2})^2}=\sqrt{96}=4\sqrt{6}$(cm)…②

EK＝KC＝$x$cmとすると，KF^2＋FC^2＝KC^{2}より，$(8-x)^2+(4\sqrt{2})^2=x^2$

これを解くと$x＝6$となるから，EK＝KC＝6cm

図Ⅰにおいて，△JLK≡△ILKだからKJ＝KIなので，四角形KEICJは図Ⅲのようになる。ひし形EICJの２本の対角線の交点をMとすると，MKが四角すいの高さにあたる。

図Ⅲ

EM$=\frac{1}{2}$EC$=\frac{1}{2}\times4\sqrt{6}=2\sqrt{6}$(cm)だから，三平方の定理より，

MK$=\sqrt{EK^2-EM^2}=\sqrt{6^2-(2\sqrt{6})^2}=\sqrt{12}=2\sqrt{3}$(cm)…③

①，②，③より，四角すいKEICJの体積は，

$\frac{1}{3}\times(\frac{1}{2}\times4\sqrt{2}\times4\sqrt{6})\times2\sqrt{3}=32$(cm^3)

【解き方２】三角すいC‐EKJと三角すいC‐EKIの体積を足し合わせる。

図Ⅱのように作図してEK＝6cmと求めると，△EKJ$=\frac{1}{2}\times6\times4=12$(cm^2)と求められる。

三角すいC‐EKJの高さはGC＝4cmだから，体積は，$\frac{1}{3}\times12\times4=16$(cm^3)

同様に，三角すいC‐EKIの底面積は△EKI＝12cm^2，高さはBC＝4cmだから，体積は16cm^{3}である。

よって，四角すいKEICJの体積は，16＋16＝32(cm^3)

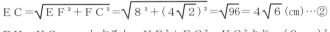

═《2024 英語 解説》═══════════════

リスニングテスト

問題１ (1) 「すみません。ハンバーガーを１つお願いします。おいくらですか？」…ウ「４ドルです」が適当。

(2) 「ジェーン，家で音楽を聴くの？」…エ「ええ，毎日ね」が適当。   (3) 「ルーシー，どのベースボールキャップを買いたいの？」…ウ「青いのだよ」が適当。

問題２ 地図の中から抜き出して答えること。(1) 「ジョンはミドリ駅にいて，町を歩いて回ろうとしています。彼は地図に載っているお店に行きたいと思っています。彼は駅のとなりの店まで歩いて行くことにしました。彼は何を買うつもりですか？」…駅のとなりにはアイスクリーム屋があるので，ジョンが買うつもりなのは Ice Cream

「アイスクリーム」である。　　(2)　「サキとエイミーは来週の土曜日にミドリ町を訪れる予定です。彼女らはキャンディーが大好きで，地図で素敵なキャンディー屋を見つけました。ミドリ駅から店まではバスでどれくらいかかりますか？」…キャンディーが売っている店まではバスで 20 minutes「20分」である。

問題3　【放送文の要約】参照。

(1)　質問1「久美は来週日本に帰りますか？」　　(2)　質問2「なぜ久美はオーストラリアの学校での初日にうれしかったのですか？」　　(3)　質問3「久美について正しいのはどれですか？」

【放送文の要約】

マイク：久美，もうすぐオーストラリア留学が終わるそうだね。

久美　：ええ，マイク。(1)ア私は来週日本に帰るよ。あなたがいないと寂しいわ。

マイク：僕も寂しいよ。僕たちがどうやって友達になったか覚えてる？

久美　：ええ，もちろん。初日，私はひとりぼっちだったの。(2)イだからあなたが私に話しかけてくれた時はとてもうれしかったよ。それからあなたはクラスメートを紹介してくれて，友達を作るのを手伝ってくれたよ。

マイク：君はその時，少し恥ずかしそうだったけど，今は活動的に学校生活を楽しんでいるね。

久美　：ええ，そうよ。ああ，もうひとつ忘れられないことがあるよ。ここに来た時は緊張して授業中に意見を交わすのが難しかったの。でも，やってみたら，あなたがいい考えだって言ってくれたよ。今では自分の意見を言う時に緊張しなくなったよ。

マイク：それを聞いてうれしいよ。僕らは久美と話をして多くのことを学んだよ。

久美　：ありがとう。(3)エ自分の意見を言うことが大切だってわかったよ。私は日本に帰ってからそうすることが怖くないよ。

問題4　【放送文の要約】参照。

問1(1)　「裕二は博物館で最初にどこへ行きますか？」　　(2)　「裕二は3号室で何を見ますか？」…第2段落3行目，we have chosen an American movie.　You will watch it in Room 3. を聞き取る。

(3)　「裕二は博物館を出る前にどんなプレゼントをもらいますか？」…最後から2行目，we will give you a notebook as a present「ノートをプレゼントします」より，ノートをもらうことがわかる。質問の形に合わせて He will get ～の形で答える。

問2　「映画制作について2号室のスタッフに何を聞きたいですか？質問を1つ書きましょう。」…無理に難しい単語を使う必要はないので，間違いのない単語を使って文を作ろう。4語以上の条件を守ること。（例文の訳）「誰が映画の中の俳優を決めますか？」

【放送文の要約】

　世界映画博物館へようこそ。私の名前はケイトです。今日は博物館をご案内します。みなさんはA，B，またはCの3つの班のどれかに所属します。映画について学ぶ部屋が3つあります。この3つの部屋をすべて見学します。班ごとの最初の部屋をお伝えします。A班は2号室，B班は3号室，(1)アC班は1号室に移動します。

　これから各部屋をご紹介します。1号室では映画で実際に使用されたドレス，帽子，靴を見ることができます。2号室ではスタッフが映画の作り方についてお話しします。3号室は映画館です。私たちは多くの国の映画を集めています。(2)本日はアメリカ映画を選びました。3号室でそれを見ます。

　2つの部屋を訪れた後，レストランで昼食をとります。それから最後の部屋に行きます。

(3)博物館を出る前にノートをプレゼントします。

何か質問があれば，私たちに聞いてください。

筆記テスト

1 A ジャック「タカシ，先週の日曜日に何をしたの？」→タカシ「僕はバスケの大会で試合をしたよ」→ジャック「うれしそうだね。（　　　）」→タカシ「うん！次の日曜日に決勝戦があるよ」の流れより，イ「君たちは試合に勝ったの？」が適当。

B リサ「この店にはたくさんの筆箱があるよ，エマ」→エマ「これがほしいな。どう思う？」→リサ「見た目はいいけど，（　　　）」→エマ「そうかもしれないけど，私はペンと鉛筆をたくさん持っているよ」→リサ「なるほど，じゃあそれらを全部入れることができるね」の流れより，ア「大きすぎるかもね」が適当。

C，D 客室乗務員「すみません。コーヒーをもう一杯いかがですか？」→ケンタロウ「はい，お願いします。今日のロンドンの天気はどうですか？」→客室乗務員「曇っています。（　C　）」→ケンタロウ「2週間です。実は私は昨年，2度ロンドンを旅行しました」→客室乗務員「わあ！ロンドンはいかがでしたか？」→ケンタロウ「いいですよ！（　D　）」→客室乗務員「その通りです。彼らは親切です。旅を楽しんでください！」の流れより，Cはイ「あなたはどれくらいロンドンに滞在しますか？」，Dはエ「ロンドンの人々は訪問者に親切です」が適当。

2 【本文の要約】参照。
問1① 現在完了進行形〈have/has＋been＋~ing〉「ずっと~している」の文にする。
② 〈省略された関係代名詞（＝which/that）と語句（＝we needed）〉が後ろから名詞（＝information）を修飾する形にする。 ・give＋人＋物「(人)に(物)をあげる」
問2 直前のベル先生の質問「この地域の人々は他のものも食べていましたか？」に対し，直後にジェームズは水田を作った話をしているので，Yes で答える文を選ぶ。魚だけでなく米も食べていたということだから，ウが適当。
問3 【振り返りの内容の要約】参照。 (1) 香織は最後の発言で working together「協力すること」を続けていくことで発表をより良くすることができと言っており，会話を通して協力することの大切さを学んでいるので，ア「協力することは新しいアイデアを見つけるのに役立つ」が適当。
(2) 「カオリとジェームズが行う発表の一番いいタイトルはどれですか？」…イ○「この地域の食べ物の歴史」が適当。ア「日本文化に関する有用なウェブサイト」，ウ「私たちの市を訪れる方法」，エ「日本料理の作り方」は不適当。

【本文の要約】

ベル ：こんにちは，香織，ジェームズ。発表のための調査は進んでいますか？

香織 ：ベル先生，私たちは，よりよく調査するための効果的な方法についてずっと話していますが，次に何をすべきかわかりません。

ベル ：それでは，見つけたものを教えてください。

香織 ：はい。私たちはこの地域の人々が過去に食べていた物を調査しようとしています。私たちは市の歴史に関するいくつかのウェブサイトを見ました。それらから多くの情報を見つけました。

ベル ：いいですね。何を見つけましたか？

ジェームズ：私たちの市は海の近くにあり，この地域の人々は約2000年前に魚を食べていました。

ベル ：それは興味深いです。この地域の人々は他のものも食べていましたか？

ジェームズ：ゥはい，米も食べていました。彼らは水田を作るために木を切り倒しました。水田の一部は，私たちの学校の近くの遺跡になりました。

香織　　　：実は，私たちは水田の遺跡を訪ねそれについて詳しい女性に会いました。

ベル　　　：彼女にインタビューしましたか？

香織　　　：はい。彼女は僕たちが必要とする情報を教えてくれました。例えば，水田の広さ，この地域の人々が作った米の種類，それをどのように調理したかなどが挙げられます。

ベル　　　：一緒にたくさんのことを学びましたね。もっと情報が必要なら，歴史の先生に聞いてみるといいですよ。彼は私に市の歴史を教えてくれました。

ジェームズ：ああ，ヤマダ先生ですね！いいですね！香織，放課後に聞いてみよう。

香織　　　：ええ！今後も協力すれば，私たちは発表をより良いものにし，良いタイトルを選ぶことができるね。

ベル　　　：私もそう思います。そろそろ発表のタイトルについて考え始めましょう。

【振り返りの内容の要約】

今日の目標：調査の次の段階を決めよう！

今日は ア協力することは新しいアイデアを見つけるのに役立つ と学びました。私たちは他のグループと調査を共有する時間がありました。私は彼らからいくつかのヒントを得ました。今，私は訪れるべき良質なウェブサイト，調査するべき場所，そしてインタビューすべき人がわかっています。

市の水田についてさらに情報が必要なので，放課後に山田先生に聞いてみます。

3　【本文の要約】参照。

　　問1　ア「表現」，イ「楽器」，エ「友情」は不適当。

　　問2　「なぜ老人は驚いたのですか？」…下線部①のユミと老人のやりとりから，老人はユミがトモコの娘だということに驚いていることがわかる。

　　問3　下線部②の直前の2文の内容をまとめる。

　　問4　ア「ケンがニューヨークでユミに見せた写真は，×日本で撮ったものです」　イ「ユミとケンはそこにいる男性と×写真を撮るために一緒にピザ屋を訪れました」　ウ「ユミはピザ屋に行ったとき，ケンがニューヨークで持っていた昔の写真の中の男性を×見つけることができませんでした」　エ○「トモコはニューヨークの大学生の時にピアノを学びました」　オ「トモコは帰国後，音楽の先生に×なりませんでした」　カ○「ユミはケンが自分の夢について話したとき，わくわくして自分の夢を見つけたいと思いました」

　　問5　質問「あなたは昔の自分の写真を見つけたらどうしますか？」…（例文）「私は写真の場所をもう一度訪れます」

【本文の要約】

　ユミは福岡の高校生です。兄のケンはニューヨークで写真撮影について勉強しています。ある日，彼らの母親のトモコが「ユミ，今度の夏にケンのところを訪ねたらどう？それはいい ウ経験（＝experience）になるよ」と言いました。ユミは長い間そこに行きたかったので，それを聞いてわくわくしました。

　夏に，ユミはニューヨークを訪れました。ニューヨークの空港では，ケンが待っていました。彼女はそこで彼に会えてとてもうれしかったです。彼らが夕食を食べている間に，ケンはユミに昔の写真を見せました。その写真では，男性と若い女性がピザ屋の前に立っていました。その女性は彼らの母でした。写真はニューヨークで撮影され，ピザ屋の住所が書かれていました。ケンは1年前に日本を発つ前にそれを受け取りました。ユミはケンに「お母さんがニューヨークに住んでいたことは知っていたけど，私には詳しいことを話してくれたことはないよ」と言いました。「このピザ屋には行ったことがないんだ。明日のお昼にそこに行かない？」とケンは言いました。ユミも同意しました。

翌日，彼らはピザ屋に行きました。ユミはすぐに写真の中の老人を見つけました。ユミは彼に写真を見せ，「この女性を覚えていますか？」と尋ねました。彼は写真を見て「もちろん，トモコさんでしょ。君はトモコさんの娘なの？」と言いました。ユミは「はい，そうです！」と言いました。問2老人は驚いて「わあ！トモコさんの娘が目の前にいるなんて信じられない！トモコさんは 25 年前，このビルの 3 階に住んでいたよ。問4ェ彼女は音楽の先生になるために大学でピアノを学び，毎日一生懸命練習していたよ。彼女は今何をしているの？」と言いました。ユミは「母は音楽の先生をやっています」と答えました。彼は「ああ，よかった！彼女はいつも音楽を通して人を幸せにしたいと言っていたからね。さあ。ピザを食べよう。もっと話したいことがあるよ」と言いました。ユミとケンはピザを食べながらトモコ（母）の思い出を聞いて楽しみました。

話をしてピザを食べた後，ユミは老人に「この写真のおかげで，あなたに会うことができました。今度は母とあなたのことを訪ねます！」と言いました。ユミとケンはその男性に別れを告げ，ピザ屋を去りました。ユミはケンに写真撮影を勉強することにした理由を尋ねました。彼は「問3人々は素晴らしい思い出を持っていると思う。写真を通して共有したいと思うんだ。それが僕の夢だよ」と答えました。問4ヵユミはわくわくして「いいね！私も夢を見つけたいな」と言いました。

4 ケビン「やあ，今日の君とのランチは本当においしかったよ！ところで，近いうちに日本に遊びに行きたいな」→私「いいね！ケビンは日本で何がしたいの？」→ケビン「8 月か 10 月か 12 月に日本で自然を楽しみたいな。3 つの月の中でどれが一番いい？」…無理に難しい表現は使わなくてもいいので，文法，単語に間違いのない文を書こう。30 語以上の条件を守ること。（October の例文）「日本には美しい山がたくさんあるよ。10 月は山をハイキングするのにいい時期だよ。木々は色づいてくるし，美しい景色も楽しめるよ」

━━《2024　理科　解説》━━

1 問1　1 は鳥類，3 はホニュウ類である。

問3(1)　かたいうろこにおおわれていることによって，体内の水分が外に出ていきにくい。

2 問1　葉の緑色を脱色することによって，ヨウ素液による色の変化を見やすくする。

問2　デンプンがつくられたのは，結果の表で青紫色になったB（光が当たった緑色の部分）だけである。よって，それぞれの条件についてBと対照実験になっているものを選べばよい。Bと光の条件だけが異なるのはDだから，アにはBとDが当てはまる。また，Bと緑色の部分（葉緑体）の条件だけが異なるのはAだから，イにはAとBが当てはまる。

問3　光合成を行うのはRのタンポポの葉だけである。また，石灰水は二酸化炭素に反応して白くにごるから，Rでは光合成を行ったタンポポの葉によって二酸化炭素がとり入れられたと考えられる。

3 問1　Aに空気が入ると，還元されてできた銅が空気中の酸素によって再び酸化されてしまう。

問4　銅と炭素では，炭素の方が酸素と結びつきやすいため，炭素が酸化銅から酸素を奪う反応が起こる。化学反応式では，反応の前後で原子の種類と数が等しくなるようにする。まず，反応にかかわる物質を化学式で表して並べると，〔$CuO+C→Cu+CO_2$〕となる。反応後にCO_2が示されていることから，反応前のCの係数は 1，CuOの係数は 2 であることがわかる。

4 問3　A液中には塩化水素の電離によって水素イオン（⊕）と塩化物イオン（○）が数の比 1：1 でふくまれている〔$HCl→H^++Cl^-$〕。B液中には水酸化ナトリウムの電離によってナトリウムイオン（●）と水酸化物イオン（◎）が数の比 1：1 でふくまれている〔$NaOH→Na^++OH^-$〕。A液にB液を加えると，水素イオンと水酸化物イオンは数の

比1：1で結びついて水になる〔$H^+ + OH^- \rightarrow H_2O$〕。このとき，塩化物イオンとナトリウムイオンは水溶液中では結びつかず，イオンのまま存在する。Zで●が3個になっていることに着目すると，加えたB液6.0mLには●と◎が3個ずつふくまれていたことがわかり，YではA液5.0mL中の2個の⊕とB液6.0mL中の2個の◎が結びつくから，〇を2個，●を3個，◎を1個かけばよい。

問4 酸性の水溶液とアルカリ性の水溶液が互いの性質を打ち消し合う反応を中和という。pHは7.0のときが中性で，7.0よりも値が小さくなるほど酸性が強く，7.0よりも値が大きくなるほどアルカリ性が強くなる。

⑤ **問1** 地層の上下の逆転や断層がなければ，上にある層ほど新しい時代に堆積したものである。

問2 流れる水のはたらきを受けず，降り積もった火山灰が堆積することでできる凝灰岩などは，ふくまれる粒が角ばっている。

問3 示相化石に対し，地層が堆積した年代を推定することができる化石を示準化石という。

問4 石灰岩は炭酸カルシウムを主成分とする生物の死がいが堆積してできたので，塩酸をかけると二酸化炭素が発生するが，チャートは二酸化ケイ素を主成分とする生物の死がいが堆積してできたので，塩酸をかけても反応しない。

⑥ **問1** 天体の年周運動は，地球の公転によって起こる見かけの動きである。

問2 オリオン座などの星座をつくる天体や太陽のように，自ら光を発する天体を恒星という。これに対し，惑星である金星や衛星である月などは，太陽の光を反射することで光って見える。

問3 特に大きさの変化に着目すると，2月1日から5月1日にかけて，見かけの大きさが大きくなっているので，金星は地球に近づいていることがわかる。地球と金星の距離が近いときほど見かけの大きさが大きく，欠け方が大きい。

問4 月と同じように満ち欠けするのは，地球より内側を公転する惑星(内惑星)の特徴である。地球より外側を公転する惑星(外惑星)はほとんど満ち欠けしない。

⑦ **問2** 表1より，おもりの数が同じときのばねののびを比べればよいから，$2.4 \div 0.8 = 3$（倍）と求められる。

問3 おもり1個の質量は20gだから，おもりを1個つるしたときにばねに加わる力の大きさは$20 \div 100 = 0.2$（N）であり，このときAは2.4cmのびる。よって，ばねに加えた力の大きさが0.2N大きくなるごとにばねののびが2.4cm大きくなるグラフをかけばよい。ばねに加えた力の大きさとばねののびには比例の関係がある(フックの法則)。

問4 力Fを対角線とする平行四辺形(ここでは長方形)のaとbに沿った辺をもとに，Pを引く力を表す矢印をかけばよい。Aののびが9.6cmになるのは，Aにおもりを4個つるしたときであり，この力が4マスの矢印で表されている。よって，bがPを引く力の矢印は3マスだから，Bののびはおもり3個をつるしたときと同じ2.4cmになる。

⑧ **問2** 電源装置の極に着目し，Pは＋端子，Qは－端子につなぐから，1か3のどちらかである。また，アイ間に加わる電圧が1.2Vであることから，3Vの－端子につなぎ，針が1.2Vを示している3が正答となる。

問3 aとbに加わる電圧の和が電源装置の電圧と等しくなる。よって，$3.0 - 1.2 = 1.8$（V）となる。

問4(1) 〔抵抗$(\Omega) = \dfrac{電圧(V)}{電流(A)}$〕，100mA→0.1Aより，図2の回路全体の抵抗値は$\dfrac{3.0}{0.1} = 30$（Ω）であり，aとcの抵抗値の和が30Ωであることがわかる。同様に図1の測定結果よりaの抵抗値を求めると$\dfrac{1.2}{0.06} = 20$（Ω）だから，cの抵抗値は$30 - 20 = 10$（Ω）である。 (2) 〔電力$(W) = 電圧(V) \times 電流(A)$〕より，回路全体の電力は$3.0 \times 0.1 = 0.3$（W）である。さらに，〔電力量$(J) = 電力(W) \times 時間(s)$〕，3分間→180秒より，回路全体の電力量は$0.3 \times 180 = 54$（J）である。

1　問1　3　平安時代，それまでに取り入れた中国の文化をつくりかえ，日本の風土や生活に合った文化を発達させた。これを国風文化という。寝殿造の貴族の住居，大和絵，仮名文字などがつくられ，清少納言の『枕草子』，紫式部の『源氏物語』などの作品が生まれた。鑑真と聖武天皇は奈良時代，中大兄皇子は飛鳥時代に関係する。

問2　4　鎌倉時代～室町時代を中世とする。1は近世，2は古代，3は近代。

問3　4→2→1→3　4．平氏を滅亡させた源頼朝は，源義経の探索を口実として国ごとに守護，荘園や公領ごとに地頭を置くことを朝廷に認めさせた。2．源氏の将軍が3代で途絶えると，後鳥羽上皇が幕府を倒そうと挙兵した(承久の乱)。勝利した鎌倉幕府は，後鳥羽上皇を隠岐に流し，朝廷の監視と西国武士の統制のために，京都に六波羅探題を置いた。1．室町時代，室町幕府の第3代将軍足利義満は，勢力の衰えた南朝を北朝と合一し，幕府に政治の権限を集中させることに成功した。3．室町幕府の第8代将軍足利義政のあとつぎ問題と管領をめぐる守護大名の争いから，京都を主戦場とした応仁の乱が起きた。

問4　㋑＝b　㋩＝d　御成敗式目は，鎌倉幕府の第3代執権北条泰時が制定した。寛永のききんの影響で，田畑を売り払う農民が増えたことで，江戸幕府は田畑永代売買禁止令を出し，農民が土地を失って没落するのを止めようとした。

問5　㋬＝b　㋥＝法律　ヨーロッパに留学し，君主権の強いドイツの憲法を学んだ伊藤博文は，帰国後，内閣制度を整備して初代の内閣総理大臣となり，憲法草案の作成に着手した。大日本帝国憲法では，臣民の権利として言論の自由などが法律の範囲内で認められた。

問6　番号＝1　㋞＝物価が上昇した　金と銀の交換比率は，日本では1：5，外国では1：15であった。外国から持ち込んだ銀貨を日本で金貨に両替して海外に持ち出し再び銀貨に両替すると，5枚の銀貨を15枚の銀貨にすることができたため，日本の金が大量に海外に流出した。

2　問1　大正デモクラシー　大正時代を中心として，政治や社会に広まった民主主義の風潮や動きを大正デモクラシーという。

問2　㋑＝a　㋩＝d　㋑資料Ⅰはサンフランシスコ平和条約である。1951年，日本は西側諸国とサンフランシスコ平和条約に調印し，独立国となった。また，同時に日米安全保障条約に調印し，米軍の日本駐留を認めた。㋩資料Ⅱは日ソ共同宣言である。国際連合の常任理事国であるソ連は，日本の国際連合加盟に対して拒否権を発動して反対していた。日ソ共同宣言に調印し，ソ連との国交が回復したことで，ソ連の反対がなくなり，日本の国際連合加盟が実現した。

問3　資料Ⅲから，1世帯あたりの収入額が1960年から1970年にかけて大幅に増加していることを読み取る。資料Ⅳから，家庭電化製品の普及率が1960年から1970年にかけて大幅に上昇していることを読み取る。電気洗濯機・電気冷蔵庫・白黒テレビを三種の神器といい，1960年代に普及し，家事にかかる時間が大幅に短縮された。

問4　う→あ→い　う(1967年)→あ(1993年)→い(2015年)

3　問1　1　赤道はニューギニア島の北側を通る。日本の標準時子午線は東経135度の経線であり，ニューギニア島やオーストラリアの中央部を通る。

問2　y　Bの北アメリカ州には穀物生産が盛んなアメリカ合衆国があるため，ヨーロッパ州と比べて，人口は少ないが，穀物生産量は多い。wはアジア州，xはアフリカ州，zは南アメリカ州。

問3　経済特区を設け，外国企業を受け入れる　Pの中華人民共和国は，アモイ・シェンチェン・チューハイ・スワトウ・ハイナン島に経済特区を設けて外国の企業を受け入れ，めざましい経済発展を遂げて世界の工場と呼ば

れるようになった。

問4 ⑦＝モノカルチャー経済　⑦＝a　⑦＝d　　特定の農作物や鉱産資源の輸出に依存した経済をモノカルチャー経済という。Q（ナイジェリア）は原油，R（エチオピア）はコーヒー豆の輸出に依存したモノカルチャー経済といえる。

問5　資料Vから，東ヨーロッパにあるチェコやスロバキアの製造業月平均賃金が，フランスやドイツよりはるかに安いことを読み取る。資料VIから，2004年以降にEUに加盟した国は東ヨーロッパに多いことを読み取る。EU加盟国では，人やモノの移動が自由なため，高い賃金を求めて東ヨーロッパから西ヨーロッパに移動する人が多く，安い賃金で雇える労働力を求めて西ヨーロッパから東ヨーロッパに移転する企業が多い。

④ **問1**　P＝4　R＝2　　1は南西諸島の気候，2は瀬戸内の気候，3は内陸の気候，4は日本海側の気候。

問2　3　　東京都周辺，大阪府周辺だけでなく，沖縄県と北海道もあることから，産業別人口に占める第三次産業の割合が高い上位10都道府県と判断する。観光業が盛んな北海道や沖縄県は第三次産業の割合は高くなる。

問3　お　　消去法で考える。米の割合が高い**あ**は東北地方，輸送用機械の割合が高い**い**は中部地方，印刷・関連製品の割合が高い**う**は関東地方，畜産の割合が高い**え**は九州地方である。中部地方には自動車を中心とした輸送用機械の生産が盛んな中京工業地帯がある。首都である東京は，多くの情報が集まり，新聞社・出版社・テレビ局などが多い。宮崎県と鹿児島県は豚・肉牛・ブロイラーなどの畜産が盛んである。

問4　⑦＝宮城県　⑦＝福岡県　⑦＝人口と事業所数，高速バスの輸送客数が多い　　宮城県の仙台市，福岡県の福岡市は，それぞれの地方の地方中枢都市である。

問5　資料IVから，北海道地方の農業従事者一人あたりの農業産出額が，他の地方の5倍程度になっていることを読み取る。また，資料Vから，北海道地方だけが耕地面積が広く農業従事者数が少ないことから，農業従事者一人あたりの耕地面積が広いことを読み取る。

⑤ **問1**　⑦＝教育　⑦＝勤労　　日本国憲法では，第26条で子供に普通教育を受けさせる義務，第27条で勤労の義務を定めている。

問2　内閣＝Q　衆議院の解散＝イ　　最高裁判所長官を指名する
Qは内閣，Rは裁判所だから，Pは国会である。衆議院の解散は，
内閣が国会に対して持つ権限だから，QからPに向かった矢印の
イを選ぶ。三権の均衡と抑制については，右図参照。

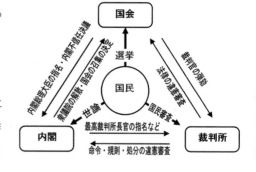

問3　国の政治では，内閣総理大臣は国会議員の中から国会議員に
よって指名されるが，地方の政治では，首長は住民による直接選挙
で選出される。首長と地方議会議員の両方を住民が選挙で選出する
制度を，二元代表制という。

問4　ⓑ＝エ　ⓒ＝ウ　　日本銀行の行う景気対策を金融政策，政府の行う景気対策を財政政策という。好景気のとき，日本銀行は市中銀行に国債などを売り，政府は公共投資を減らしたり増税したりする。不景気のとき，日本銀行は市中銀行のもつ国債などを買い，政府は公共投資を増やしたり減税したりする。ⓐはイ，ⓓはア。

問5(1)　間接金融では，銀行などの金融機関を仲立ちとして資金の貸し借りを行う。　(2)　株式　　少額を多くの人から集めることで，全体として多額の資金を調達することができるため，日本の大企業の多くは株式会社の形態をとっている。

問6(1)　2　　日本国憲法第25条では，生存権を「健康で文化的な最低限度の生活を営む権利」と定めている。

(2)　少子高齢化が進み，老年人口の割合が増え，生産年齢人口の割合が減っていることを読み取る。

6　問1　3　　持続可能な開発目標をＳＤＧｓといい，17の目標が設定されている。

問2　資料Ⅰから，過剰に漁獲されている魚介類の割合が増えていることを読み取り，漁獲ができなくなる危険性があると考える。

問3　「私たち消費者が紙ストローを使用することで，プラスチックストローの供給が減り，海洋プラスチックごみを削減することが期待できる。」「私たち消費者が食品トレー(ペットボトル)をリサイクルに出すことで，食品トレー(ペットボトル)の供給が減り，海洋プラスチックごみを削減することが期待できる。」などのようにまとめればよい。

福岡県公立高等学校

— 《2023　国語　解答例》 =

一　(1)問一. 時は金　問二. 持続性や普遍性　問三. 時間が紡ぎだす記憶により育てられ、維持されるもの。
　　問四. 4　問五. 相手と会って話をすることで、金に換算できない生きた時間を取り戻すこと。
　　(2)問一. いや、お　問二. 2　問三. 1　問四. 3　問五. 2, 4, 5

二　問一. 顔　　問二. 慈悲　　問三. ア. 恐るべき胆力　イ. 魂を宿すに値する仏を彫ること
　　問四. 超越的存在である仏を、潔が自分の手で修復できると思い込んでいること。
　　問五. 仏師への道に挫折した絶望の深さを思い起こし、自らのみじめさにいら立つ

三　問一. ゆえに　　問二. 我は東　　問三. 西江の〜迎へん　　問四. 右漢文
　　問五. (1)ア. 5　イ. 2　ウ. 1　(2)間に合わない援助では意味がない

四　　BとGを比較すると、Bが45・1％なのに対して、Gは8・2％となっている。このことから、B
　のように感じている人々が、流行語や新しい言葉を使い過ぎないようにしようと考えていることが分か
　る。自分が感じている社会全般の課題に関して、自分の行動に注意しているのはよいことだと思う。
　　私は、テレビをみている時などに、流行語の意味が分からず、内容が理解できないことがある。そう
　した言葉を使い過ぎることなく、誰もが理解しやすい基本的な言葉を使って話すことが大切だと考える。

縦書き:
吾ハ失ニ二我ガ常ニ与ヲ一、我、無シ所レ処ル

— 《2023　数学　解答例》 =

1　(1)-3　(2)$9a+14b$　(3)$3\sqrt{3}$　(4)$-2, 6$　(5)$\dfrac{3}{4}$　(6)-10　(7)右グラフ
　(8)360　(9)62

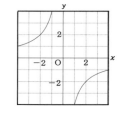

2　(1)$\dfrac{5}{4}a$　(2)生徒の人数をx人とすると，$5x+8=7x-10$　これを解いて，$x=9$
　あめの個数は，$5\times9+8=53$　生徒の人数9人，あめの個数53個は，問題にあう。
　あめを生徒1人に6個ずつ分けるとすると，必要な個数は，$6\times9=54$
　$53<54$なので，あめはたりない。

3　(1)範囲…13　四分位範囲…6　(2)記号. Ⓧウ　Ⓨオ　数値. Aのデータの Ⓧ …31　Bのデータの Ⓨ …29
　(3)累積度数…14　記号…エ

4　(1)ウ　(2)4　(3)㋐$\dfrac{80}{3}$　①ア　②エ

5　(1)2組の辺とその間の角　(2)イ
　(3)△ABEと△AGBにおいて
　共通な角だから　∠EAB＝∠BAG…①
　合同な図形では，対応する角の大きさはそれぞれ等しいから，△ABE≡△BCFより　∠BEA＝∠CFB…②
　平行線の錯角は等しいから，DC//ABより　∠CFB＝∠GBA…③　②，③より　∠BEA＝∠GBA…④
　①，④より，2組の角がそれぞれ等しいので　△ABE∽△AGB
　(4)$\dfrac{6}{25}$

6　(1)40π　(2)記号…イ　高さ…$\dfrac{2\sqrt{5}}{3}$　(3)$\sqrt{7}$

英語リスニングテスト

問題1 (1)ウ　　(2)エ　　(3)イ

問題2 (1)(Room) C　　(2)12 (students)

問題3 (1)ウ　　(2)ア　　(3)エ

問題4 問1．(1)ウ　(2)old／trees　(3)She will watch birds.　　問2．What songs will we sing?

英語筆記テスト

1 A．イ　　B．エ　　C．ア　　D．ウ

2 問1．①what events people have　②them know about newspapers　　問2．エ　　問3．ア　　問4．イ

3 問1．She enjoys listening to Mr. Brown's experiences in many countries.　　問2．イ　　問3．多くの子供たちがマークの授業を通して英語を上達させること。　　問4．イ，カ　　問5．I would teach them how to use English dictionaries.

4 (a supermarket の例文) I'm interested in unique food.　Supermarkets in your country have many vegetables I've never seen in Japan.　I'd like to ask you about them and learn about your food culture.

1 問1．2，3　　問2．蒸散　　問3．ア．A，B　イ．Q　　問4．表面積が広くなる

2 問1．生殖細胞　　問2．発生　　問3．2

問4．子は親の染色体をそのまま受けつぐので，子は親と同じ形質を示すから。

3 問1．4　　問2．8.8　　問3．物質の種類によって密度　　問4．ア．P　イ．水銀よりも密度が小さい

4 問1．少ない量の薬品　　問2．Zn　　問3．$Mg^{2+}／2e^-$　　問4．ア．マグネシウム　イ．亜鉛　ウ．銅

5 問1．等粒状組織　　問2．(1)X．地表や地表付近で急速に　Y．地下深くでゆっくりと　(2)4

(3)有色の鉱物の割合

6 問1．下図　　問2．1　　問3．①ア　②ウ　　問4．記号…Q　内容…勢力が強く

7 問1．逃げる熱量を少なくすることができるから。　　問2．下図　　問3．下グラフ

問4．ア．B　イ．大きい

8 問1．59.5　　問2．(1)時間　(2)Y．2　Z．1　　問3．あ長くなる。　い変わらない。

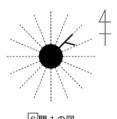

6問1の図

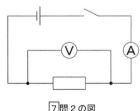

7問2の図

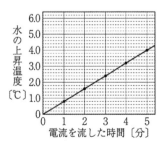

電流を流した時間〔分〕

1　問1．カードA…イ　カードD…ウ　問2．㋐4　㋺3　問3．ア　問4．番号…2　㋙分割して相続することで，領地が小さくなった　問5．2→4→1　問6．人を集めて，分業によって製品を生産する

2　問1．㋑b　㋩c　問2．㋭ア　㊁ウ　問3．石炭から石油に変わった　問4．あ．z　い．x　う．y

3　問1．4　問2．フランス　問3．う　問4．A　問5．(1)日本及びYの国と比べて，一人あたりの1か月平均賃金が安いから。　(2)㋑輸出総額と輸入総額がともに増加し，輸出総額が輸入総額を上回った　㋩おもな輸出品が農産物から工業製品に変わった

4　問1．3　問2．B　問3．瀬戸大橋が開通したことで，開通前と比べて，短時間で移動できるようになったから。(下線部は本州四国連絡橋でもよい)　問4．(1)②c　③a　(2)あ．Q　い．都市に向けて野菜を生産する園芸農業がさかんに行われている

5　問1．㋑あ　㋩温室効果ガスの排出量(下線部は二酸化炭素でもよい)　問2．㋬A　㊁D
問3．㋩両院協議会　㋭衆議院の議決が国会の議決　問4．㋫イ　㋒ウ　㋟有罪か無罪かを決め，有罪の場合は刑罰の内容を決める　問5．a．政府　b．銀行　問6．(1)4　(2)X．歳出に対する歳入の不足を補うこと　Y．4

6　問1．大阪　問2．イ．15～64歳の人口　ウ．65歳以上の人口　問3．町役場や地元の漁師や農家が協力して，開発や生産を行った商品の売上高をのばし，雇用を増やすこと

━《2023　国語　解説》━

☐ (1)問一　──線①の直後に「時間はお金と同じように貴重なものだから大切にしなければいけないという意味」とあるから、「時は金なり」。

(1)問二　──線②のある段落で「本来、金は〜将来に担保する装置〜しかし、実はその<u>持続性や普遍性</u>は危うい約束事や予測の上に成り立っている」と述べていることから、下線部を抜き出す。

(1)問三　──線③の1〜2行前で「信頼は人々の間に生じた優しい<u>記憶によって育てられ、維持される</u>」と述べていることに着目する。この部分だけでは、「時間」という語句が使われない。そこで、「記憶」がどのようなものであるかを考える。すると、──線③の3行前に「<u>時間が紡ぎだす記憶</u>」という表現がある。これらをまとめる。

(1)問四　──線④の直前の「それ」が指す内容を読みとる。それは、直前の段落で述べた「信頼でつくられるネットワーク〜互いに顔と顔とを合わせ、時間をかけて話をすることによってつくられる〜費やした社会的な時間が〜元手になる」ということ。このような関係性は、──線④の直後で「ゴリラはいつも仲間の顔が見える〜顔を見つめ合い〜的確に読む」と述べていることに重なる。よって、4の「人間同士の関わりを考えさせる」が適する。

(1)問五　最初の段落で「モモ〜ただ<u>相手に会って話を聞く</u>〜現代の日本で、ますます重要な意味をもちつつあるのではないだろうか」、最後の段落で「もっと、人と顔を合わせ、話し〜に使うべきなのではないだろうか。それこそが、モモがどろぼうたちからとりもどした時間だった。<u>時間が金に換算される経済優先の社会ではなく</u>、人々の確かな信頼にもとづく<u>生きた時間をとりもどしたい</u>と切に思う」と述べていることから読みとれる。

(2)問二　「見つめています」は、この文の述部である。2の「いつまでも追い続ける」が述部。倒置法になっているが、通常の語順「彼は壮大な夢を<u>いつまでも追い続ける</u>」にすると、述部だと判断しやすい。

(2)問三　「勇気」は、勇ましい意気。1の「朗報」は、喜ばしい(朗)知らせ(報)。前の漢字が後の漢字を修飾している熟語である。2の「往復」は、反対の意味の漢字の組み合わせ。3の「決意」(意を決する)は、後の漢字から前の漢字に返って読むと意味がわかる熟語。4の「尊敬」は、同じような意味の漢字の組み合わせ。

(2)問四　「不思<u>議</u>」　1．講<u>義</u>　2．疑問　3．<u>議</u>論　4．特技

(2)問五　紙面における配置、文字の並び、文字そのものの変化に着目しよう。

☐ 問二　──線②は、10行前の「それ」と同じものを指す。それは、最初の段落で「<u>なにかのぬくみ</u>〜人間の魂によく似た<u>なにか</u>〜永遠に損なわれることはない」と感じていたもの。その「なにか」を、──線②の1〜3行後で「仏として人間に仰がれるに足る<u>なにか</u>。仏として人間を慰むるに足る<u>なにか</u>。──<u>慈悲</u>」と表現している。

問三ア　──線③の直前の段落で「この仏師〜自らの手が成したとはとうてい思えないなにかを宿らせた仏と向かいあう<u>怖気</u>（おじけ）に耐えぬいた。その恐るべき胆力に<u>潔</u>（きよし）は感謝した」と述べていることから、下線部を抜き出す。

イ　　イ　　の直前の「自分にはできなかった」に着目する。──線③の5行後で「俺にはそれができなかった」、8行後で「俺には、<u>魂を宿すに値する仏が、どうしても彫れなかった</u>」と思っていることから、下線部を　イ　に合うようにまとめる。

問四　──線④の直前に「この超越的存在を超越したかのような」とある。「超越的存在」とは仏のこと。「この」が指すのは、「俺が直してやる〜最高の仏に……」という発想。同じ気持ちが、──線④の直後にも「直してやる。俺が。完璧に。必ずこの手で……」とある。潔が言う「最高の仏に」「完璧に」には、「みじめな仏を〜原型以上の美しい姿にしてやりたい」という気持ちが込められている。自分にそのようなことができると考えているのは思い

上がりであり、その傲慢さが「罰当たり」なのである。

問五　——線⑤の 10〜12 行前に「仏師への道に挫折した自らのみじめさを、潔は〜眼前の仏（不空羂索）に重ねている。梵鐘びいきの村人どもからこけにされている不空羂索——」とある。「鐘の音」は、この鐘を気に入っている、つまり、不空羂索をこけにしている（ばかにしている）村人たちが鳴らすのだと考えられる。その「鐘の音」で「仏師への道に挫折した自らのみじめさ」を思い出すので、「直してやる。俺が」と酔いしれる気持ちが断ち切られ、「むず痒さ〜掻きむしりたくなる」ような、いら立ちを感じるのだ。

三 **問一**　古文の「わゐうゑを」は、「わいうえお」に直す。

問三　鮒が怒って顔色を変えたのは、荘周の提案してくれたことが、いままさに自分が必要としていることを満たさないものだったからである。荘周が提案した内容を具体的に表す部分なので、「西江の水を激して子を迎へん」。

問四　まず、「我常与」から「失」に返って読むので、二字以上へだてて返る場合に使う、一・二点を入れる。次に、「無所処」を「処」→「所」→「無」と一字ずつ返って読むので、二か所にレ点を入れる。

問五　食べる物に困って監河侯に食糧を借りようとした荘周が、水がないことに困って荘周に水を持ってきてほしいと頼んだ鮒の話を持ち出した。とりあえず命をつなぐために必要な援助がほしい、後で条件の良い援助をしてくれると言っても、いま命が絶えてしまっては意味がない、という主旨である。

【Ａ】の内容

> 　荘周は、家が貧しかった。それゆえ監河侯のところに行って食糧を貸してもらおうとした。監河侯が言うには、「承知した。私はちょうど領地からのお金が手に入る予定だ。必ずあなたに黄金三百斤を貸そうと思う、それでよいか」と。荘周は、怒って顔色を変えて言った、「（私）荘周が、昨日来るとき、道中で呼ぶ者がいた。私が、振り返って見ると、車輪の跡のくぼみの中に鮒がいた。私が、その鮒にこうたずねた、『鮒よ来なさい、おまえは何をしているのか』と。（鮒が）答えて言った、『私は東の海で水をつかさどる役をしている鮒です。あなた、どうか、わずかな量の水を持ってきて私の命を助けてくれませんか』と。私は言った、『承知した。私はこれから南の呉と越の国の王様のところに行くところだ。西江（川）の水を勢い立たせておまえを迎えよう、それでよいか』と。鮒は、怒って顔色を変えて言った、『私は自分にとって常に必要な水を失い、私は、いる場所がないのだ。私は、わずかな量の水を得ることができればそれで生きられる。それなのにあなたはそんなことを言う。いっそのこと早く魚の干物を売る店に行って私を探すがよい』と。

—— 《2023　数学　解説》 ——

1 (1)　与式＝ 9 － 12 ＝ **－ 3**

(2)　与式＝ 10 a ＋ 8 b － a ＋ 6 b ＝ **9 a ＋ 14 b**

(3)　与式＝$\dfrac{18\sqrt{3}}{3}$ － 3$\sqrt{3}$ ＝ 6$\sqrt{3}$ － 3$\sqrt{3}$ ＝ **3$\sqrt{3}$**

(4)　与式より，$x^2 － x － 20 － 3x ＋ 8 ＝ 0$　　$x^2 － 4x － 12 ＝ 0$　　$(x ＋ 2)(x － 6) ＝ 0$　　$x ＝ **－ 2，6**$

(5)　【解き方】さいころを 2 つ使う問題では，右のような表にまとめて考えるとよい。

2 つのさいころの目の出方は全部で 6 × 6 ＝ 36（通り）ある。出る目の数が偶数になるのは，少なくとも 1 つのさいころの目の数が偶数のときであり，表の色つき部分である。よって，条件にあう出方は 27 通りだから，求める確率は，$\dfrac{27}{36}＝\dfrac{3}{4}$

(6)　【解き方】（yの増加量）＝（変化の割合）×（xの増加量）で求められる。
xの増加量は 4 －（－ 1）＝ 5 だから，yの増加量は（－ 2）× 5 ＝ **－ 10**

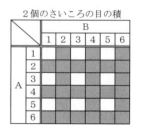

2 個のさいころの目の積

(7) $(x, y)=(1, -4)(2, -2)(4, -1)$を通る曲線と，$(x, y)=(-1, 4)(-2, 2)(-4, 1)$を通る曲線をかけばよい。

(8) ＩＣＴ機器を使用する生徒の割合は，全体のおよそ$\dfrac{32}{40}=\dfrac{4}{5}$と推定できるから，およそ$450 \times \dfrac{4}{5}=360$（人）と推定できる。

(9) 【解き方】右図のように補助線ＯＣを引く。

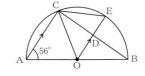

△ＯＡＣはＯＡ＝ＯＣの二等辺三角形だから，∠ＯＣＡ＝56°

ＡＣ／／ＯＥより，∠ＣＯＥは∠ＯＣＡの錯角だから56°である。

△ＯＥＣはＯＥ＝ＯＣの二等辺三角形だから，∠ＤＥＣ＝$(180° -56°) \div 2 = 62°$

$\boxed{2}$ (1) 定価をb円とすると，$b \times \left(1 - \dfrac{20}{100}\right) = a$より，$\dfrac{4}{5}b = a$　　$b = \dfrac{5}{4}a$（円）

(2) 解答例では生徒の人数をx人とし，あめの個数を$(5x+8)$個，$(7x-10)$個と2通りに表して方程式を立てている。あめの個数をx個とすると，$(x-8)$個のあめならばちょうど5個ずつ分けられ，$(x+10)$個のあめならばちょうど7個ずつ分けられるので，生徒の人数について，$\dfrac{x-8}{5} = \dfrac{x+10}{7}$が成り立つ。これを解くと$x=53$となるから，あめの個数は53個，生徒の人数は$\dfrac{53-8}{5} = 9$（人）となり，解答例の計算結果と等しくなる。

$\boxed{3}$ 【解き方】箱ひげ図からは，右図のようなことがわかる。半分にしたデータ（記録）のうち，小さい方のデータの中央値が第1四分位数で，大きい方

のデータの中央値が第3四分位数となる（データ数が奇数の場合，中央値を除いて半分にする）

(1) （範囲）＝（最大値）−（最小値）で求められるから，Ａのデータの範囲は$36-23=13$（g）である。

また，（四分位範囲）＝（第3四分位数）−（第1四分位数）で求められるから，$33-27=6$（g）である。

(2) Ａ～Ｃのいちごの個数は30個ずつだから，中央値は，$30 \div 2 = 15$より，大きさ順に15番目と16番目の値の平均である。Ａの**中央値**は31gで30gより大きいから，30g以上の個数は15個以上あるとわかる。

また，第3四分位数は$15 \div 2 = 7.5$より，大きい方から8番目の値である。Ｂの**第3四分位数**は29gで30gより小さいから，30g以上のいちごは7個以下だとわかる。

(3) 累積度数とは，その階級以下に含まれるすべての階級の度数の和である。よって，重さが30g未満の累積度数は，$1+2+5+6=14$（個）である。

次に，Ｃの最大値は36gであり，36g以上38g未満の階級に含まれるから，イのヒストグラムは適さない。

また，第1四分位数は27gであり，26g以上28g未満の階級に含まれるので，アのヒストグラムは適さない。

第3四分位数は33gであり，32g以上34g未満の階級に含まれるので，ウのヒストグラムは適さない。

以上より，Ｃのデータを表すヒストグラムは**エ**である。

$\boxed{4}$ (1) $(0, 0)$と$(6, 9)$を結んだ直線の傾きは，$\dfrac{（yの増加量）}{（xの増加量）} = \dfrac{9-0}{6-0} = \dfrac{3}{2}$であり，時間を$x$軸，進む道のりを$y$軸で表しているから，傾き$\dfrac{3}{2}$はバスが1秒あたりに進んだ道のりを示す。正しいものは**ウ**である。

(2) 【解き方】自転車の進む速さは一定であり，4秒間に25m進むから，$y = \dfrac{25}{4}x$と表せる。

自転車がＱを通過するのは，$100 = \dfrac{25}{4}x$より$x=16$だから，Ｐを通過してから16秒後である。

バスについて，$y = \dfrac{1}{4}x^2$と表せるから，$100 = \dfrac{1}{4}x^2$より$x = \pm 20$　　$x > 0$より$x=20$だから，Ｐを通過してから20秒後であり，これは条件にあう。よって，求める時間は$20-16 = 4$（秒後）である。

(3) 【解き方】タクシーと自転車が進んだ道のりが等しくなることについての方程式を立てる。

バスがPを出発してから①秒後にタクシーが自転車に追いつくとすると，タクシーがPを通過してから自転車に追いつくまでの時間は（①－10）秒だから，タクシーはPから 10（①－10）m進んだところで自転車に追いつく。自転車が①秒で進んだ道のりは $\frac{25}{4}$ ①mだから，$10（①－10）=\frac{25}{4}$① を解くと，$①=\frac{80}{3}$ となる。

$25=\frac{75}{3}$ より，$\frac{80}{3}$ は 25 より**大きい**ので，タクシーはバスより先に自転車に追いつく**ことができない**。

⑤ (1) 合同条件や相似条件は必ず正確に覚えておこう。

(2) E，Fの位置が変わっても証明の①，②，③はすべて変わらないので，証明しなおす必要はない。

(3) まず，問題文の仮定を図にかきこんで，証明のために必要な条件を探そう。条件が足りない場合は，問題の内容に応じて，図形の性質，平行線の同位角・錯角，円周角の定理などからわかることもかきこんでみよう。

(4) 【解き方】正方形の1辺の長さがいくつであっても求める割合は変わらないので，ＢＥ＝3，ＦＣ＝1，正方形の1辺の長さを3＋1＝4とし，四角形ＧＥＣＦと正方形ＡＢＣＤの面積を具体的に求める。

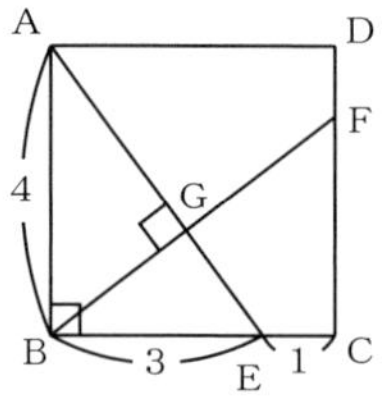

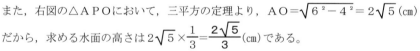

三平方の定理より，$ＡＥ＝\sqrt{ＡＢ^2＋ＢＥ^2}＝\sqrt{4^2＋3^2}＝5$ だから，△ＡＢＥの3辺の

比は3：4：5である。△ＡＢＥ∽△ＡＧＢより，∠ＡＧＢ＝∠ＡＢＥ＝90°だから，

△ＡＢＥ∽△ＢＧＥなので，△ＢＧＥも3辺の比が3：4：5である。

したがって，$ＧＥ＝\frac{3}{5}ＢＥ＝\frac{3}{5}×3＝\frac{9}{5}$，$ＧＢ＝\frac{4}{5}ＢＥ＝\frac{4}{5}×3＝\frac{12}{5}$

$△ＢＣＦ＝△ＡＢＥ＝\frac{1}{2}×3×4＝6$，$△ＢＧＥ＝\frac{1}{2}×\frac{9}{5}×\frac{12}{5}＝\frac{54}{25}$だから，

四角形ＧＥＣＦの面積は，$△ＢＣＦ－△ＢＧＥ＝6－\frac{54}{25}＝\frac{96}{25}$

正方形ＡＢＣＤの面積は4×4＝16だから，四角形ＧＥＣＦの面積は正方形ＡＢＣＤの面積の，$\frac{96}{25}÷16＝\frac{6}{25}$（倍）

⑥ (1) 【解き方】右図のように円すいの展開図をかき，側面のおうぎ形の中心角をx°とおく。

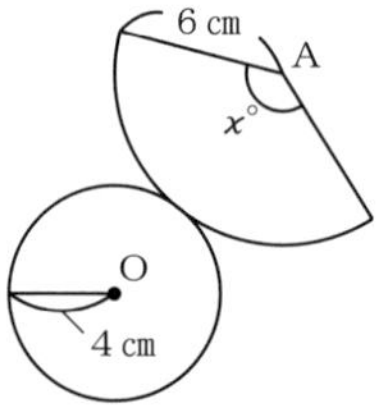

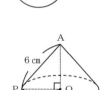

側面のおうぎ形の弧の長さと底面の円周が等しいから，

$2π×6×\frac{x°}{360°}＝2π×4$ より$x°＝240°$ となるので，側面積は $6^2π×\frac{240°}{360°}＝24π$（cm²）

また，底面積は $4^2π＝16π$（cm²）だから，求める表面積は $24π＋16π＝\mathbf{40π}$（cm²）となる。

(2) 【解き方】底面積と高さが同じ円柱と円すいがあると，円すいの体積は円柱の $\frac{1}{3}$ になる。

水の体積は円柱の体積の $\frac{1}{3}$ だから，水面の高さは円柱の高さの $\frac{1}{3}$ になる。

したがって，正しいものは**イ**である。

また，右図の△ＡＰＯにおいて，三平方の定理より，$ＡＯ＝\sqrt{6^2－4^2}＝2\sqrt{5}$（cm）

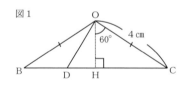

だから，求める水面の高さは $2\sqrt{5}×\frac{1}{3}＝\frac{2\sqrt{5}}{3}$（cm）である。

(3) 【解き方】2つの二等辺三角形△ＯＢＣと△ＡＢＣをかき，ＯＨ→ＢＣ→ＤＣ→ＯＤの順に辺の長さを求めていく。

図1で，△ＯＢＣはＯＢ＝ＯＣの二等辺三角形だから，ＯからＢＣに引いた垂線とＢＣの交点をＨとすると，∠ＣＯＨ＝120°÷2＝60°

よって，△ＣＯＨは3辺の長さの比が1：2：$\sqrt{3}$ の直角三角形だから，

$ＯＨ＝4×\frac{1}{2}＝2$（cm），$ＣＨ＝\sqrt{3}ＯＨ＝2\sqrt{3}$（cm）より，

ＢＣ＝2ＣＨ＝$4\sqrt{3}$（cm）である。

図1

図2

次に，△ＡＢＣはＡＢ＝ＡＣの二等辺三角形だから，∠ＣＢＡ＝∠ＢＣＡ

また，△ＤＣＡはＤＣ＝ＤＡの二等辺三角形だから，∠ＡＣＤ＝∠ＣＡＤ

よって，図2のようになり，△ＡＢＣ∽△ＤＣＡである。

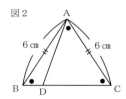

したがって，ＡＢ：ＤＣ＝ＢＣ：ＣＡ　　6：ＤＣ＝4√3：6

これを解いて，ＤＣ＝3√3（cm）となる。

図1より，ＤＨ＝ＤＣ－ＣＨ＝√3（cm）だから，△ＯＤＨについて三平方の定理より，

ＯＤ＝√(√3)²＋2²＝√7（cm）である。

═《2023　英語　解説》═

リスニングテスト

問題1 (1)　「ルーシー，隣に座ってもいい？」…ウ「ええ，もちろん」が適当。　　　(2)　「ベイカーさん，飲み物は何がいいですか？」…エ「お茶をお願いします」が適当。　　　(3)　「やあ，ジェーン。どこに行くの？」…イ「郵便局よ」が適当。

問題2 (1)　…he is going to listen to her speech「…彼は彼女のスピーチを聞くつもりである」，He wants to watch the movie this year…「彼は今年は映画を見たい」より，サトシは午後1時からスピーチを聞き，午後3時から映画を見ると考えられるので，Cが適当。　　　(2)　The number of students who play sports and the number of students who study are the same.「スポーツをする生徒の数と勉強をする生徒の数は同じである」，Some students read books, but more students talk with their friends.「読書をする生徒もいるが，友達とおしゃべりする生徒の方が多い」より，友達とおしゃべりをする生徒の数は最も多い12人である。

問題3 【放送文の要約】

(1)　質問1「サラが日本に来たのは初めてですか？」　　　(2)　質問2「なぜサラは驚いたのですか？」

(3)　質問3「健斗について正しいのはどれですか？」

【放送文の要約】

サラ：こんにちは，サラです。はじめまして。会えてうれしいです。

健斗：はじめまして，サラ。健斗です。僕たちの学校へようこそ！(1)ウ君は日本に来たことがあるの？

サラ：(1)ウいえ，来たことがないわ。私はずっと日本に来たかったので，とてもわくわくしているわ！

健斗：それを聞いてうれしいよ。学校の初日はどうだった？

サラ：素晴らしかったよ。(2)ア全校生徒が学校の掃除をしていたので驚いたよ。

健斗：うん，僕らは普段から教室や図書室，その他多くの場所を毎日15分間掃除するよ。

サラ：すごい！私のアメリカの学校には，掃除スタッフがいるよ。学校を自分たちで掃除するのは大変だと思うな。

健斗：時には大変なこともあるけど，僕たちは自分たちが使う場所をきれいにすることが大切だと思っているよ。

サラ：いいね。アメリカの友達に，日本の学生は自分で学校を掃除すると伝えるよ。

健斗：おお，いいね！僕たちの中でちがっているところを見つけるのはとても興味深いね。(3)エ僕は君の国のことを知ることで，自分の国のことをより理解することができるよ。

問題4 【放送文の要約】

問1(1)　「バスで恵子の学校からグリーン国立公園まで行くのにどれくらい時間がかかりますか？」

(2)　「恵子は森を歩いているときに何を見つけることができますか？」…「彼女は（　　）をいくつか見つけることができます」より，old trees「古い木」を聞き取る。　　　(3)　「恵子は2日目に湖の周りで何をしますか？」…watch birds「鳥を観察する」を聞き取る。

問2 「あなたは夜間活動について先生に何を質問したいですか？質問を１つ書きなさい」…無理に難しい単語を使う必要はないので，間違いのない単語を使って文を作ろう。４語以上の条件を守ること。（例文の訳）「私たちはどんな歌を歌いますか？」

【放送文の要約】

こんにちは，みなさん。私たちは今週末，自然宿泊体験でグリーン国立公園に行きます。その予定についてお話しします。土曜日から始まります。午前８時30分までに学校に来てください。問1(1)ウバスは午前９時に学校を出て，午前11時頃に公園に着きます。昼食後，私たちは森の中を歩きます。問1(2)中には樹齢500年以上の古い木があります。歩いている間に見つけることができます。

夕食後は夜間活動を行います。夜空を観察する，歌う，または物語を話すという３つの中から１つ選ぶことができます。先生方はそれぞれの活動においてみなさんをサポートします。

問1(3)２日目は隣町の湖の周りを散策し，鳥を観察します。東オーストラリアにしか生息しない美しい鳥がいます。私たちは午後２時半までに学校に戻ります。

自然宿泊体験を楽しみましょう。わからないところがある人は，質問してください。

筆記テスト

1 A ジョン「今度の日曜日にテレビでラグビーの試合を見る？」→タクミ「あ，日本代表の試合？」→ジョン「そうだよ。君も見ないと！（　　）」→タクミ「僕の家で一緒に見るのはどう？」より，イ「試合は盛り上がると思うよ」が適当。

B 母「トム！エミリー！このかばんを運ぶのを手伝って」→トム「いいよ。今日はたくさんの食べ物を買ったね」→母「ええ，明日のパーティーのためよ。エミリーはどこ？」→トム「エミリーは自分の部屋にいるよ。（　　）」→母「まあ，エミリーはその本にとても興味があるのね」より，エ「彼女は３時間ずっと本を読んでいるよ」が適当。

C，D クミ「ベック先生，レポートについて質問があります。先生は毎日健康のために何をしていますか？」→ベック「私は毎朝50分走っているよ」→クミ「大変ですね。（　C　）」→ベック「ええ。気分が良くなって，よく眠れるよ」→クミ「続ける秘訣は何ですか？」→ベック「（　D　）。だから，走るときは新しいものを見ることができるの」→クミ「何て素敵なんでしょう！お時間をいただきありがとうございました」より，Cはア「走ることで何か良い点はありますか？」，Dはウ「私は毎日違うランニングコースを走っているよ」が適当。

2 【本文の要約】参照。

問1① 文中に疑問詞を含む間接疑問の文。what events の後ろは people have joined …のように肯定文の語順になる。　② 直前の let に着目し，let＋人＋動詞の原形「（人）に～させる」の形にする。直後の〈過去分詞（＝written）と語句（＝in several languages）〉は後ろから名詞（＝newspapers）を修飾し，「いくつかの言語で書かれた新聞」という意味になる。

問2 健太は佐希と一緒に，外国人に地元のイベントのことを伝えるメッセージを書こうとしている。そのメッセージをミラー先生に渡してもらおうとしていると推測できるので，エ「イベントについての僕たちのメッセージを先生のお友達に渡して」が適当。

問3 健太と佐希のそれぞれ１回目の発言などから，２人がメッセージで最初に伝えたい内容は，ア「誰でも参加できる地元のイベントがたくさんある」が適当。

問4 「なぜ健太と佐希はミラー先生の友達にメッセージを書いたのですか？」　ア「健太と佐希は他の国の人たちと英語を練習する必要があるからです」　イ○「健太と佐希はミラー先生の友達とコミュニケーションを取り，

友達になりたかったからです」　ウ「ミラー先生が健太と佐希に友達を連れて日本の伝統的なイベントに行くように言ったからです」　エ「もちつきがミラー先生の友達がミドリ中学校を訪問する良い機会になるからです」

【本文の要約】

ミラー：こんにちは，健太と佐希。何してるの？

健太　：こんにちは，ミラー先生。私たちは町の新聞を読んでいます。このページは，私たちの町で人々がどんなイベントに参加しているかを示しています。地元のイベントに参加する人が減っています。

佐希　：私たちの町では面白いイベントがたくさんあります。誰でも参加できます。私は毎年，公民館の職員を手伝うためにいくつかのイベントに行きます。それらのイベントを通して，私は多くの人に会うことができます。

ミラー：その通りだね。私は去年夏祭りに行って，そこの人たちと仲良くなったよ。でも，この町で他のイベントがあるとは知らなかったわ。他の外国人も知らないかもしれないよ。

健太　：僕たちは彼らに複数の言語で書かれた新聞があることを知らせるべきです。彼らはこれらの新聞から地元のイベントに関する情報を得ることができます

ミラー：それはいいね。次のイベントは何なの，佐希？

佐希　：来月，公民館でもちつきがあります。問4イ私は異なる言語を話す人と友達になりたいです。

ミラー：いいね！町に住む私の友達はきっとそのイベントに興味を持ってくれるよ。彼らは英語を話すよ。

健太　：問4イああ，彼らと友達になるために英語で話したいです！では，もちつきのことを伝えるために英語でメッセージを書いてみない？ミラー先生，問2エイベントについての僕たちのメッセージを先生のお友達に渡していただけませんか？

ミラー：うん，もちろん。日本語を読むのは少し難しいので，英語でメッセージを受け取るとうれしいと思うよ。

【健太と佐希が書いた手紙の一部の要約】

こんにちは，私たちはミドリ中学校の生徒です。私たちの町には問3ア誰でも参加できる地元のイベントがたくさんあることをみなさんはご存知ですか？その中の1つを紹介します。来月，ミドリ公民館でもちつきがあります。もちつきは，もちを作る日本の伝統的なイベントです。公民館でお会いできることを楽しみにしています。一緒に美味しいおもちを作って食べましょう！私たちはみなさんと英語で話がしたいです！またすぐにお会いしましょう！

③　【本文の要約】参照。

問1　「カナは英語部で何を楽しんでいますか？」…第1段落3〜4行目より，カナはブラウン先生の多くの国での経験を聞くことを楽しんでいることがわかる。

問2　clues「手がかり／糸口」の意味がわからなくても，前後の内容から類推することができる。ブラウン先生が紹介するマークと話をすれば，将来のことで悩むカナにとってのイ hints「ヒント」が得られるかもしれないということである。

問3　代名詞などの指示語の指す内容は直前にあることが多い。ここでは，直前の1文を指している。

問4　ア「マークは×高校生のときに海外でボランティアメンバーとして働いていました」　イ○「マークが始めた会社は，世界中の子どもたちに教育を提供しています」　ウ「カナはボランティア活動の中で，×英語の授業の計画を与えられ，絵本を使って小さな子どもたちを教えました。　エ「カナはボランティア活動の後，×ブラウン先生と話をしたときの言葉に感銘を受けました」　オ「ブラウン先生はカナに，自分のキャリアを見つけるために×ボランティア活動をしなければならないと言いました」　カ○「カナは，行動を起こして，将来何をすべきかを

(26)

見つけようとすることが大切だと気付きました」

問5 「あなたが先生なら，子どもたちに何を教えますか？」…(例文の訳)「私は英語の辞書の使い方を教えます」

【本文の要約】

カナは高校の英語部に所属しています。彼女はよく英語教師のブラウン先生と話をします。彼は日本に来る前に世界中を旅しました。問1 彼は多くの国での経験についてよく話します。カナは部活でそれらの話を聞くのが楽しみです。彼女は外国に関係のある仕事をしたいと思っていますが，将来どうするか決まっていません。ある日，彼女はブラウン先生に相談しました。彼は「私には，さまざまな国で働いているアメリカ人の友人がいるんだ。彼の名前はマークだよ。彼はもうすぐ日本に来るよ。彼と話をすれば，ヒントを得ることができるかもしれないよ」と言いました。

3日後，マークがカナの学校を訪れました。カナはマークに自分が心配なことを話しました。彼は「私は高校生活を送る中で，将来についての明確な目標なんてなかったんだ。大学生の時海外でボランティア活動をして，子どもたちを教えるのが好きだということに気付いたよ。問4イ 卒業後，世界中の子どもたちに教育を提供する会社を設立したんだ。外国語，音楽，美術など人気のある授業がいくつかあるよ」と言いました。カナは彼の話をもっと聞きたいと思いました。彼は彼女に，自分の会社でボランティアとして働くことができると言いました。彼女は少し心配でしたが，やってみることにしました。

ボランティア活動中，カナは絵本を使った英語の授業の計画を立てました。彼女はマークと一緒に小さな子どもたちに英語を教えました。それは彼女にとって素晴らしい経験になりました。授業が終わった後，カナはマークに「仕事をする上で何に幸せを感じますか？」と尋ねました。彼は「多くの子どもたちが私の授業を通して英語を上達させるよ。それが私が頑張る原動力なんだ」と答えました。カナはその言葉に感銘を受けました。

その後，学校でカナはブラウン先生と話をしました。カナは「マークさんはボランティア活動をすることで第一歩を踏み出し，自分の仕事を見つけました。彼は今，本当に仕事を楽しんでいます。私も自分の仕事を見つけたいです」と言いました。ブラウン先生は「君はすでに一歩前進したよ！」と言いました。

問4ウ カナは重要なことを学びました。将来何をすべきかわからなくても，人は何かに挑戦すべきです。今，彼女は外国で働くことにとても興味があるので，留学するつもりです。彼女は自分の将来の目標を見つけるために前進し続けるでしょう。

4 無理に難しい表現は使わなくてもいいので，文法，単語に間違いのない文を書こう。(a supermarket の例文)「私はスーパーマーケットへ行きたいです。私はユニークな食材に興味があります。あなたがたの国のスーパーマーケットには私が日本で見たことのない野菜がたくさんあると思います。私はそれらについて尋ね，あなたがたの食文化について学びたいです」

《2023 理科 解説》

1 問1 トウモロコシ，ツユクサは単子葉類である。

問3 ワセリンを塗った部分からは蒸散が起こらない。蒸散する部分と水の水位の変化をまとめると表iのようになる。よって，AとBの水の水位の変化を比べれば，葉の裏からの蒸散量が葉の表からの蒸散量よりも多いことがわかる。

表i
	蒸散する部分	水の水位の変化(mm)
A	葉の裏	31
B	葉の表	11
C		2
D	葉の表＋葉の裏	45

問4 他に表面積を大きくするつくりとして，肺胞や柔毛も覚えておこう。

2 問1，3　卵細胞や精細胞などの生殖細胞がつくられるとき，染色体の数が半分になる減数分裂が行われる。

問4　無性生殖では，子は親と同じ染色体(遺伝子)を受けつぐので，子は親と同じ形質を示す。

3 問1　30.0mL の水に体積 4.0 cm³ の B を入れたので，液面の中央部分が 34mL になっている 4 が正答である。

問2　〔密度(g/cm³) ＝ $\dfrac{\text{質量(g)}}{\text{体積(cm³)}}$〕より，$\dfrac{40.5}{4.6}$ ＝ 8.80…→8.8 g/cm³ となる。

問3　物質によって密度が決まっているので，密度が等しい B と D は同じ物質であると考えられる。

問4　液体よりも密度が小さい固体は液体に浮き，液体よりも密度が大きい固体は液体に沈む。表より，固体の鉄の方が密度が小さいので，鉄は水銀に浮く。

4 問2　硫酸亜鉛水溶液中にマグネシウムを入れると，マグネシウム原子が電子を失ってマグネシウムイオンになり〔$Mg→Mg^{2+}+2e^-$〕，かわりに亜鉛イオンが電子を受け取って亜鉛原子になって〔$Zn^{2+}+2e^-→Zn$〕金属表面に付着する。

問3　問2と同様にマグネシウム原子が電子を放出してマグネシウムイオンとなる。

問4　表面に物質が付着する金属板ほどイオンになりやすいので，イオンになりやすい順にマグネシウム，亜鉛，銅となる。

5 問1　深成岩は等粒状組織，火山岩は斑状組織をもつ。斑状組織は小さな結晶やガラス質からなる部分(石基)のところどころに大きな結晶(斑晶)が見られるつくりである。

問2(1)　火成岩のつくりのちがいは，マグマが冷え固まるまでの時間にちがいがあるために生じる。火山岩はマグマが地表や地表付近で急速に冷え固まってでき，深成岩はマグマが地下深くでゆっくりと冷え固まってできる。

(2)　黒色の長い柱状をした A はカクセン石，無色で不規則な形をした B はセキエイである。A は有色鉱物，B は無色鉱物である。　　　(3)　観察した深成岩は有色鉱物(クロウンモ)の割合が小さく，無色鉱物(セキエイ，チョウセキ)の割合が大きい花こう岩である。

6 問1　天気の記号は表 ii の通りである。

問2　寒冷前線は低気圧の中心から南西に，温暖前線は南東に伸びることが多い。

	快晴 (雲量0〜1)	晴れ (雲量2〜8)	くもり (雲量9〜10)	雨	雪
表 ii	◯	◑	◎	●	✳

問3　つゆの時期には，北の冷たくしめったオホーツク海気団と，南のあたたかくしめった小笠原気団がぶつかり合って，停滞前線ができる。

問4　7月の中旬ごろになると，南にある小笠原気団の勢力が強くなり，梅雨前線は北におし上げられる。

7 問1　この実験では逃げる熱量を少なくすることで，水温の変化をより正しく調べることができる。

問2　電流計は測りたい部分に直列に，電圧計は並列につながれていることに注意する。

問3　表2より，A班の水の温度は1分につき 0.8℃ずつ上昇していることがわかる。原点を通る比例のグラフになる。

問4　表1と〔電力(W)＝電圧(V)×電流(A)〕より，同じ電圧のときに電流が大きい(抵抗が小さい)ほど，電力が大きくなるので，抵抗が小さい順にB班，A班，C班となる。また，図3より，電力が大きいほど5分後の水の上昇温度(電熱線の発熱量)が大きいことがわかる。

8 問1　6打点に 0.1 秒かかるので，P点が打点されてからQ点が打点されるまでの時間は 0.4 秒である。よって，$\dfrac{2.2+4.7+7.2+9.7}{0.4}$ ＝59.5(cm/s)となる。

問2(1)　表より，速さが 47−22＝72−47＝97−72＝25(cm/s)ずつ増加していることがわかる。　　　(2)　(Y)健さんの考えでは，台車が運動の向きに受ける力の大きさは一定だから，力の大きさはA点とB点で等しくなる。(Z)花さんの考えでは，台車が斜面を下るにつれて，台車が運動の向きに受ける力は大きくなっていくので，A点よりB点の方が大きい。

問3　ⓐ図5では，台車が運動の向きに受ける力の大きさは図4よりも小さくなるので，D点に達するまでの時間は図4よりも長くなる。　ⓑCとEの高さは同じだから，台車が斜面を下ることによる高さの変化は図4と図5で同じである。高さが同じであれば位置エネルギーから変化する運動エネルギーも同じなので，図4と図5で台車の先端がD点に達したときの台車の速さも同じである。

《2023　社会　解説》

[1] 問1　A＝イ　D＝ウ　　A．武家による支配は平安時代後半の12世紀から始まり，土倉や酒屋は室町時代に金融業を営んだ。B．奈良時代から平安時代にかけて，律令に基づいた政治が行われた。C．中央集権国家のしくみが整えられ，議会政治が始まったのは明治時代である。D．幕府と藩による支配は，江戸時代に行われた。

問2　⑦＝4　⑪＝3　　律令の時代，中央から貴族が国司として派遣された。地方の有力な豪族が郡司に任命され，国司の監督のもとで民衆を支配した。明治時代になると，版籍奉還を行って大名のもつ土地と人民を朝廷に返させ，続いて廃藩置県を行い，すべての藩を廃止して県を置き，新たに中央から府知事・県令を派遣した。

問3　ア　　国際色豊かな文化は，奈良時代（8世紀）に栄えた天平文化。日本の風土や生活に合った文化は，平安時代の中頃に栄えた国風文化。

問4　2／分割して相続することで，領地が小さくなった　　鎌倉時代の相続は，惣領だけでなく，妻や女性を含めたすべての子どもに土地が分け与えられた。そのため，相続のたびに領地は縮小し，御家人の生活の基盤がおびやかされた。

問5　2→4→1　　Zは安土桃山時代の初めから，江戸時代の終わり頃までを指しているので，15世紀の室町時代前期のできごとの3はあてはまらない。2（初代将軍徳川家康）→4（三代将軍徳川家光）→1（十三代将軍徳川家定）

問6　工場に人を集め，分業で作業するのが工場制手工業（マニュファクチュア）である。問屋制家内工業との違いをしっかりと理解したい。

[2] 問1　⑦＝b　⑪＝c　　群馬県に製糸工場の建設を決めたのは，お雇い外国人のフランス人ブリューナであった。全国から富岡製糸場に集められた工女は，働きながら技術を習得し，その後地元に帰って指導者として活躍した。

問2　Ⓗ＝ア　Ⓔ＝ウ　　資料Ⅰを見ると，農業の割合は45.4％から35.1％に下がっているのに対して，工業の割合は44.4％から56.8％に増えていることが読み取れる。資料Ⅱを見ると，1914年の貿易収支はマイナスになっているのに対して，1915年からは大幅なプラスになっていることが読み取れる。1915年以降，輸出額が輸入額を上回って大戦景気と呼ばれた好景気となった。

問3　資料Ⅲを見ると，石炭の割合が減少する一方で，Pの割合が大幅に増えているのが読み取れ，エネルギー資源の中心が石炭から石油に切り替わるエネルギー革命が起きたことがわかる。

問4　あ＝z　い＝x　う＝y　　あ．1989年11月，ドイツにおいてベルリンの壁が崩壊し，12月にアメリカのブッシュ大統領とソ連のゴルバチョフ書記長がマルタ島で冷戦の終結を宣言した。これによってドイツの分断がなくなり，1990年，東西ドイツが統一された。い．第二次世界大戦後，世界の平和のための国際連合が設立され，安全保障理事会を中心として，平和維持活動が進められ，日本も1992年から自衛隊がPKOに参加するようになった。う．1955年，インドネシアのバンドンにおいて，アジア・アフリカ会議（バンドン会議・AA会議）が行われた。

[3] 問1　4　　aはイギリスの都市である。イギリス全体は，暖流の北大西洋海流と偏西風の影響を受けて，高緯度のわりに比較的温暖で，安定した降水のある西岸海洋性気候になっているから，4を選ぶ。1は北半球の冷帯気候，

2は北半球の砂漠気候，3は南半球の温暖湿潤気候。

問2　フランス語　　カナダのケベック州では，フランス語のみが公用語となっている。

問3　う　　Q国はオーストラリアだから，石炭の自給率が高いうを選ぶ。P（インド），R（アメリカ），日本と人口を比較した場合，オーストラリアの人口は最も少ないので，（エネルギー消費量）÷（一人あたりエネルギー消費量）の値が最も小さいものを選んでもよい。あはアメリカ，いは日本，えはインド。

問4　A　　小麦は，中国やインドなどのアジア州，フランスやウクライナなどのヨーロッパ州，アメリカなどの北アメリカ州で栽培がさかんだからAを選ぶ。Bはカカオ豆，Cはとうもろこし，Dは大豆。

問5(1)　X国はタイ，Y国はシンガポールである。資料Ⅲから，タイに進出した日本企業は40年弱で8倍近く増えていることを読み取る。資料Ⅳからは，タイの平均賃金が日本やシンガポールに比べて安いことを読み取り，日本企業の進出が進んだことと関連付ける。　(2)　①資料Ⅴを見ると，1982年の輸入総額と輸出総額の和は154.9億ドルで，輸入総額の方が多い貿易赤字になっている。2020年の輸入総額と輸出総額の和は4390.9億ドルで，輸出総額の方が多い貿易黒字になっている。このことから，輸出総額と輸入総額のどちらも増え，貿易赤字から貿易黒字に転じたことが読み取れる。

4　問1　3　　秋田県の男鹿半島を通る緯線が北緯40度線であることは覚えておきたい。また，九州の長崎県あたりを東経130度の経線が，北海道の根室あたりを東経145度の経線が通ることも覚えておきたい。

問2　B　　色のついた道府県は，北海道・千葉県・京都府・沖縄県である。温泉地数が最も多いイは北海道である。国際線航空旅客輸送数が多いアは成田国際空港がある千葉県，人口が少なく温泉地数も少ないウは沖縄県，国宝指定件数が突出して多いエは京都府である。

問3　1985年から2020年の間に瀬戸大橋が開通したことを読み取る。瀬戸大橋は，岡山県倉敷市の児島と香川県坂出市を結ぶ本州四国連絡橋で，橋梁部の上側が道路，下側が鉄道になっている。自動車と鉄道での移動時間が短縮されたことで，多くの人々が通勤・通学に瀬戸大橋を利用するようになったことが読み取れる。

問4(1)　②＝c　③＝a　　最も南に位置する③は，3つの地点の中で冬の気温は最も高くなる。①と②を比べた場合，①の方が北に位置するが，暖流である対馬海流の影響で①の冬の気温は0度を下回らない。また，内陸の②は冬に冷え込む内陸の気候である。　(2)あ　Q　③の地点を含む愛知県は，渥美半島で野菜や電照菊の栽培がさかんに行われている。特に愛知県のキャベツの生産量は群馬県と並んで多い。

5　問1　⑦＝あ　⊟＝温室効果ガスの排出量　　京都議定書とパリ協定の違いをしっかりと理解したい。パリ協定では，すべての国に温室効果ガスの削減目標を設定することが義務付けられた。

問2　⑧＝A　⊜＝D　　日本国憲法第13条の冒頭に「すべて国民は，個人として尊重される」とある。また，第14条の第1項に「すべて国民は，法の下に平等であって，人種，信条，性別，社会的身分又は門地により，政治的，経済的又は社会的関係において，差別されない」とある。

問3　⑰＝両院協議会　⑲＝衆議院の議決が国会の議決となる　　予算の議決・条約の承認・内閣総理大臣の指名において，衆議院と参議院で議決が一致しなかった場合，必ず両院協議会が開かれる。その両院協議会でも一致しなかった場合は，衆議院の優越によって，衆議院の議決が国会の議決となる。

問4　⑫＝イ　⑭＝ウ　⑯＝有罪か無罪かを決め，有罪の場合は刑罰の内容を決める　　裁判員席があることから，重大な刑事裁判の第一審と判断できる。また，検察官・被告人等からも刑事裁判であることはわかる。裁判員裁判の評決は，十分な評議をした後に多数決で行われるが，裁判官と裁判員の双方の意見を含む必要がある。

問5　a＝政府　b＝銀行　　日本銀行は，個人や企業との取引は行わないので，aとbには政府と銀行のどちら

かがあてはまる。その上で，ｃ（個人）・企業と預金や貸し出しを行うｂが銀行と判断する。

問6(1)　4　　税を納める人と税を負担する人が一致する税を直接税，一致しない税を間接税という。

(2)　X＝歳出に対する歳入の不足を補うこと　Y＝4　　X．国債は，歳入の不足分を補うためのものであり，公債金として計上される。歳出に計上される国債費は，国債の償還や利子等の支払いに必要な費用を意味する。

Y．資料Ⅱを見ると，年金と医療で社会保障関係費の 70％以上を占めることがわかる。年金も医療も社会保険に分類される。

6　問2　イ＝15〜64 歳の人口　ウ＝65 歳以上の人口　　15 歳未満の人口を年少人口，15〜64 歳の人口を生産年齢人口，65 歳以上の人口を老年人口と呼ぶ。生産年齢人口は働く世代とも呼ばれる。

問3　資料Ⅱから，官民が連携して企業を立ち上げたことがわかる。資料Ⅲから，A町の加工食品などの商品の売上高が伸びていることがわかる。資料Ⅳから，2009 年に比べて 2014 年は事業所数も従業者数も増えていることがわかる。

━《2022　国語　解答例》━

一　問一．4　　問二．d　　問三．3　　問四．社会を円滑に回す　　問五．(1)過去の経験則や知識　(2)異なる価値観や理念を持つ人の考えを想像し、社会の変化に対応　　問六．2

二　(1)問一．脳　問二．記号…b　人物…小田切(くん)　問三．自分の内なる声で生じた迷い　問四．ア．ゆるぎない微笑　イ．親愛のこもったほほえみ　ウ．乗る人の望みの実現を手助けする車いすを作りたい　問五．4

(2)問一．2, 5　問二．そうちゃく　問三．3　問四．専用　問五．4

三　問一．のみおわりて　　問二．右漢文　　問三．かしかまし　　問四．1　　問五．(1)ア．質素　イ．私欲　(2)日本の人は語り伝えさえしない

四　(例文)

　　Aは、絵があることで劇の様子をイメージしやすい。また、話の続きが気になり、体験教室に参加したくなる。Bは、クイズによって狂言の表現のしかたに興味がわく。また、答えが気になるため、やはり参加したくなる。私は、絵が大きく、目をひきやすいAを選ぶ。

　　Aの絵では、何をしている場面なのかわかりづらいので、絵の下に説明を加えたい。また、Aの絵は、あまり狂言らしさが表れていない。もっと特徴的な言い回しやしぐさが使われている場面を絵にすれば、より興味をもってもらえるのではないかと思う。

━《2022　数学　解答例》━

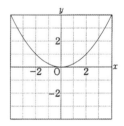

1　(1)−9　　(2)$a-17b$　　(3)$3+\sqrt{7}$　　(4)−3, 4　　(5)−6　　(6)$\dfrac{2}{5}$　　(7)右グラフ

(8)0.53　　(9)250

2　(1)イ, エ　　(2)P. 10　Q. 12　R. 7　S. 5

②Bさんのデータの方がAさんのデータより中央値は大きく，四分位範囲は小さい

3　(1)ウ　　(2)X. $4a+4\pi r+4\pi$　Y. $2a+2\pi r+2\pi$　Z. $S=2\ell$

4　(1)750　　(2)$-700x+4600$　　(3)6, 24

5　(1)△AED, △ADE, △BCE, △BEC のうち1つ

(2)△ABEと△ACDにおいて

仮定から　AB＝AC…①

$\overgroup{AD}$に対する円周角は等しいから　∠ABE＝∠ACD…②

$\overgroup{BC}$＝$\overgroup{CD}$から　∠BAE＝∠CAD…③

①，②，③より1組の辺とその両端の角がそれぞれ等しいので　△ABE≡△ACD

(3)$4\sqrt{2}$

6　(1)ア, ウ　　(2)25　　(3)15

─《2022 英語 解答例》─────────────────────

英語リスニングテスト

問題1 (1)イ (2)エ (3)イ

問題2 (1)(Course) B (2)10:30

問題3 (1)ア (2)ウ (3)エ

問題4 問1. (1)イ (2)her／country (3)People living near the school will. 問2. What sport can I play with children?

英語筆記テスト

1 A. ア B. イ C. エ D. ア

2 問1. ①everything you have done ②tell me how you 問2. ウ 問3. エ 問4. エ

3 問1. He used the Internet. 問2. イ 問3. (トシコの農園の)果樹に水を与えること。 問4. ウ, オ
問5. I use the Internet to talk with foreign people.

4 （Aの例文）I want to watch a Japanese baseball game with Sam. We can talk about our favorite players from our
countries. We can cook Japanese food together if it rains then. （Bの例文）I want to cook Japanese food Sam likes
and enjoy eating it with him. I won't talk much if we watch sports, so we can talk more by cooking together.

─《2022 理科 解答例》─────────────────────

1 問1. 右図 問2. A. 4 B. 2 C. 1 問3. 花粉管をのばす 問4. 2, 3

2 問1. 突沸を防ぐため。 問2. ア. A, C〔別解〕C, A イ. B, D〔別解〕D, B
問3. (1)消化酵素 (2)1, 4

3 問1. H_2SO_4／$Ba(OH)_2$／$2H_2O$ 問2. 番号…4 Z…質量保存
問3. 番号…2 理由…容器の中の気体が容器の外へ出ていったから。

4 問1. (1)イオンになりやすい (2)Cu^{2+}／$2e^-$ (3)3 問2. 化学
問3. 燃料電池

5 問1. (1)熱を伝えやすいから。 (2)17.0
問2. 湿度…66 水蒸気量…12.8

6 問1. 名称…日周運動 理由…地球が自転しているから。
問2. 2
問3. (1)①Q ②S (2)公転面に対して地軸を傾けたまま

7 問1. 右図／2 問2. (1)2 (2)①ア ②ウ 現象…全反射

8 問1. 右グラフ 問2. 0.16 問3. ①3 ②物体Aの下面に
加わる水圧と上面に加わる水圧の差は変わらない 問4. 250

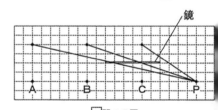
ア
イ
1問1の図

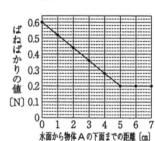
鏡
A B C P
7問1の図

ばねばかりの値〔N〕
0.6 0.5 0.4 0.3 0.2 0.1 0
0 1 2 3 4 5 6 7
水面から物体Aの下面までの距離〔cm〕

《2022　社会　解答例》

1　問1．2　問2．㋑御恩　㋺奉公　問3．参勤交代　問4．3→4→2→1
　　問5．(1)ア．3　イ．2　ウ．4　(2)商品作物を売って，必要な品物を貨幣で購入するという生活に変化していった。

2　問1．㋐a　㋑d　問2．変化…綿糸の輸出量が輸入量を上回るようになった。　理由…軽工業が発展し，綿
　　糸が大量に生産されるようになったから。　問3．㋑ベルサイユ　㋺あ　問4．記号…Y　理由…アフリカ州
　　で独立した国が増えたから。

3　問1．ブラジル…6　フランス…1　問2．Z　問3．米…R　大豆…Q　問4．内容…経済特区を設け，
　　外国企業を受け入れる　記号…オ

4　問1．近畿／関東　問2．X．C　Y．A　問3．(1)い　(2)他の都道府県のレタスやなすの出荷量が少ない時
　　期に，多く出荷している。　問4．(1)3　(2)右表

	分布	分布の特徴
ＩＣ(集積回路)工場	Q	イ
石油化学コンビナート	S	ア

5　問1．㋐A　㋑公共の福祉
　　問2．㋘内閣総理大臣を指名する　㋨エ
　　問3．X．政府　あ．税　問4．㋑b　㋺d　㋬e
　　問5．わが国の高齢者の割合が高くなるため，現役世代の負担が大きくなるという課題がある。
　　問6．記号…S　理由…常任理事国のロシアと中国が拒否権を行使し，決議案が否決されているから。

6　問1．二酸化炭素を中心とした温室効果ガスが大量に排出されることにより，世界の年平均気温が上昇する地球温
　　暖化が進み，海面水位が上昇している　問2．イ．産業部門の二酸化炭素排出量は減少しているが，家庭部門は
　　増加している　ウ．家庭で節電をこころがける

（34）

═《2022 国語 解説》═

□ 問二　a～cは、自立語で活用があり、終止形が「～だ」となるので、形容動詞。dは、自立語で活用がなく、名詞を修飾しているので、連体詞。

問三　2段落後に、「九十代、百代の人々の暮らしを支えていくためには、まずはこうした年齢の人々がどのような環境に置かれているのかを知ること」が必要で、それを知るために、AIによって、高齢者の視界を映像化したり、高齢者の筋力の衰えを疑似体験したりすることもできると述べている。その上で、「違う立場の人々を理解するために積極的にアプローチをしないかぎり、真に必要な政策を講じることはできない」と述べている。つまり、人口減少社会で起こる問題を解決する政策を講じるためには、高齢者の状況を理解するための積極的な行動が必要だということ。よって、これらをまとめた3が適する。1は「個人の利益を追求する」が、2は「働く世代の人々に限定して」が、4は「高齢者同士が自立して助け合う意識を高める」がそれぞれ誤り。

問四　潤滑油という言葉は、物事が円滑に進むようにするもののたとえとして使われる。前の一文に「これまで以上に相手の立場になってものを考え～積極的に努力しない限り、社会は円滑に回っていかなくなる」とある。つまり、「エンパシーによる相互理解」を図り、積極的に努力しない限り、社会は円滑に回っていかなくなる。これを受けて、「エンパシーとは～潤滑油なのである」と述べている。

問五(1)　空欄の前後の内容から、「人口減少に伴い」「役に立たなくなる」ものが入ることがわかる。本文の3段落目で、人口減少がもたらす激変が起きたとき、「過去の経験則や知識といったものは役に立たない」と述べている。

(2)　指定されている二つの語句「価値観」「変化」に着目する。「しなやかさ」と「エンパシー」は密接に関係している。2段落目に、エンパシーは「自分と違う価値観や理念を持っている人が何を考えているかを想像する力」だと説明されている。また、エンパシーの重要性について説明した3段落目では、これから人口減少による社会の激変が起こり、その変化に対応するためには「エンパシーによる相互理解」が不可欠だと述べている。空欄の後にある「柔軟性」は、「過去の経験則や知識といったもの」が役に立たない状況で、これまでのやり方にとらわれず、新たな知恵を出し合って、「人口減少がもたらす(社会の)変化に対応する」ことを指している。

問六　最初の段落で、論の中心となる語句である「エンパシー」について、「『自分も相手の立場に立って、気持ちを分かち合う』ことを意味する」と、筆者の解釈を示している。3段落目の最初に「なぜ人口減少社会においてエンパシーが極めて重要になるのかと言えば」とあり、ここから今後の人口減少社会で重要なことについて具体例を挙げながら説明している。よって、2が適する。

□ (1)問二　aは小田切、cは由利子の発言の中にある。どちらも面接者として問いかけたものなので、aとcの「あなた」は、面接を受けている百花を指し示している。bを含む発言は、由利子が小田切に対して話しかけたものなので、bの「あなた」は、小田切を指し示している。

(1)問三　体言止めとは、名詞で言い終わる方法。1～4行前の「予想もしていなかった質問」「本当にそんなことはないのか？　と自分の内なる声に問いただされて迷いが生じ」「小田切の～視線に気づくと」の3点が、傍線部①のようになった理由である。

(1)問四ア　傍線部②の質問をした時の、由利子の様子を表現した部分を探す。百花は、その前の小田切の質問で、頭が真っ白になっていた。動揺している百花に対し、由利子は百花と目を合わせた上で「ゆるぎない微笑を浮かべた」。由利子は、微笑を浮かべて質問をすることで、落ち着いて安心して答えてほしいというメッセージを送って

いる。　　　**イ**　直前の「より温かみのある」がヒントになる。「百花の言葉を聞いた後」の由利子の反応を探す。

ウ　百花の答えを聞いた後、由利子は「私たちも、そんな車いすを作りたいと常に願っています」と言っている。この発言から、百花が答えた「その人が、やりたいことを～その人を自由にする車いす」を作りたいという考えが、由利子の願いと一致していることが読み取れる。よって、下線部をまとめて答えればよい。

(1)問五　この文章では、３人の面接者と百花の、合計４人の会話文が入っている。会話文がたくさんあると、今その出来事が起こっているかのような効果が生まれ、臨場感が高まる。また、傍線部①の前や傍線部②の後に、百花の心の声が地の文で書かれている。様々な人物の会話文や百花の心の声が描かれることで、面接の臨場感が高まっている。よって、４が適する。

(2)問一　宝良は、「手の皮が剥けるまで車いすを走らせ」たとある。【資料】の「競技用車いす」の説明から、自分で車いすを動かす場合は「ハンドリム」を回すということがわかる。よって、２は適する。また、【資料】のテニスコートの図から、23.77 メートルと10.97 メートルがどの部分の長さなのかがわかる。よって、５も適する。

(2)問三　「考」の総画数は６画。１は、「功」で５画。２は、「孝」で７画。３は、「光」で６画。４は、「幸」で８画。よって、３が適する。

(2)問五　４の「あめかんむり」は、楷書で書いたときの５～６画目と７～８画目にあたる部分に「点画の省略」がみられる。

三　**問一**　古文の「わゐうゑを」は、「わいうえお」に直す。また、古文で言葉の先頭にない「はひふへほ」は、「わいうえお」に直す。

問二　一・二点は、２字以上へだてて返って読む場合に使う。傍線部①は、「瓢」から「遺」に２字へだてて返るので、一・二点を使う。

問三　『徒然草』の３～４行目が、『蒙求』に書かれている話の引用部分である。『蒙求』の「由以て煩はしと為し、遂に之を去る」と、『徒然草』の「かしかましとて捨てつ」が対応している。

問四　「涼し」には、さわやかだ、すがすがしいといった意味がある。よって、１が適する。

問五(1)ア　直前の「水をすくう道具でさえ必要ない」というのは、どんな生活なのかを考える。　　　**イ**　直前の「自分の名誉や利益を求める気持ちがない」というのは、何を持たないと言えるのかを考える。　　　**(2)**　兼好法師が嘆いているのは、『徒然草』の最後の段落に書かれていることである。

【漢文の内容】

　　許由は、箕山に隠れ(て暮らし)、水を飲む器も持っていない。手で水をすくってこれを飲む。ある人が瓢箪を(許由に)一個贈り、(これを)使って飲むことになった。飲み終わって(瓢箪を)木の上にかけたところ、風が吹いて風の音が鳴る。許由はうるさいと感じて、結局これを捨てた。

═══《2022　数学　解説》═══════

1　(1)　与式＝ 6 － 15 ＝ － 9

(2)　与式＝ 3 a － 12 b － 2 a － 5 b ＝ a － 17 b

(3)　与式＝$\sqrt{18} \div \sqrt{2} + \sqrt{14} \div \sqrt{2} = \sqrt{9} + \sqrt{7} = 3 + \sqrt{7}$

(4)　与式より，$x^2 - 4 = x + 8$　　　$x^2 - x - 12 = 0$　　　$(x + 3)(x - 4) = 0$　　　$x = -3, 4$

(5)　【解き方】yがxに反比例するとき，式は$y = \dfrac{a}{x}$(aは比例定数)と表せる。

$x = 2$のとき$y = 9$だから，$9 = \dfrac{a}{2}$より，$a = 18$　　　$y = \dfrac{18}{x}$について，$x = -3$のとき，$y = \dfrac{18}{-3} = -6$

(6)　【解き方】樹形図にまとめて考える。

２枚のカードの取り出し方は，右樹形図のように10通りある。

そのうち，３のカードがふくまれるのは樹形図の☆印の４通り

なので，求める確率は，$\dfrac{4}{10}=\dfrac{2}{5}$

(7)　$y=\dfrac{1}{4}x^2$のグラフは上に開いた放物線である。$x=2$のとき$y=\dfrac{1}{4}\times 2^2=1$，$x=4$のとき$y=\dfrac{1}{4}\times 4^2=4$

グラフはy軸について対称だから，５点$(-4，4)(-2，1)(0，0)(2，1)(4，4)$を通る放物線をかけばよい。

(8)　【解き方】$(累積相対度数)=\dfrac{(累積度数)}{(総度数)}$で求められる。

20m未満の累積度数は$6+9+17=32$(人)だから，求める累積相対度数は，$\dfrac{32}{60}=0.533\cdots$より，0.53である。

(9)　全体のねじの個数と印のついたねじの個数の比は，$50：6=25：3$と考えられるから，箱に入っているねじの個数をx個とすると，$x\cdot 30=25：3$　　$x=\dfrac{30\times 25}{3}=250$

よって，箱に入っているねじの個数は，およそ250個と推定できる。

2 (1)　【解き方】箱ひげ図からは，右図のようなことがわかる。

ア．Aさんのデータの第１四分位数は７点なので，正しくない。

イ．Bさんのデータの最大値は17点なので，正しい。

ウ．Aさんのデータの中央値が10点，Bさんのデータの第１四分位数が10点なので，Aさんの10点以上のデータは全体のおよそ$\dfrac{1}{2}$，Bさんの10点以上のデータは全体のおよそ$\dfrac{3}{4}$である。よって，正しくない。

エ．$(範囲)=(最大値)-(最小値)$である。範囲は，Aさんが$18-4=14$(点)，Bさんが$17-2=15$(点)で，AさんよりBさんの方が大きいから，正しい。

(2)　$(四分位範囲)=(第３四分位数)-(第１四分位数)$で求められる。

(1)の解説と箱ひげ図から，中央値は，Aさんが$_\text{P}\underline{10}$点，Bさんが$_\text{Q}\underline{12}$点，四分位範囲は，Aさんが$14-7=_\text{R}\underline{7}$(点)，Bさんが$15-10=_\text{S}\underline{5}$(点)である。

四分位範囲は小さい方が，より中央値に近い得点になりやすいので，中央値が大きく四分位範囲が小さい方が，より高い得点をあげると考えられる。

3 (1)　【解き方】半円を２つ合わせると円になるので，円と長方形の面積の和として，AとBの値をa，rを使った式でそれぞれ表す。

図1の面積は，半径rmの円と縦$r\times 2=2r$(m)，横amの長方形の面積の和だから，

$A=r^2\times \pi+2r\times a=\pi r^2+2ar$(㎡)

図2の面積は，半径amの円と縦$a\times 2=2a$(m)，横rmの長方形の面積の和だから，

$B=a^2\times \pi+2a\times r=\pi a^2+2ar$(㎡)

よって，$A-B=\pi r^2+2ar-(\pi a^2+2ar)=\pi r^2-\pi a^2=\pi(r^2-a^2)$

(2)　(1)と同様に考える。道の面積は，半径が$(r+2)$mの円から半径がrmの円を取り除いた部分の面積と，縦２m，横amの長方形の面積の２倍の和だから，$S=(r+2)^2\pi-r^2\times\pi+2\times a\times 2=$

$\pi r^2+4\pi r+4\pi-\pi r^2+4a=_\text{X}\underline{4a+4\pi r+4\pi}$

道のまん中を通る線の長さは，半径が$r+2\div 1=r+1$(m)の円の円周と，amの線２本の長さの和だから，

$\ell=2\pi(r+1)+a\times 2=_\text{Y}\underline{2a+2\pi r+2\pi}$

$S=4a+4\pi r+4\pi=2(2a+2\pi r+2\pi)=2\ell$より，$_\text{Z}\underline{S=2\ell}$となる。

4 (1)　正午から午後１時30分までの１時間30分＝1.5時間は，「中」で使用しているので，

加湿器Aの水が減った量は，500×1.5＝750(mL)

⑵　【解き方】グラフの傾きと通る点から，yをxの式で表す。

$2 \leqq x \leqq 5$のとき，「強」で使用しているので，1時間で700mLの水が減る。よって，傾きは−700だから，式は$y＝-700x＋b$(bは定数)と表せる。午後2時は，「中」で使用してから2時間後だから，加湿器Aの水の残りの量は4200−500×2＝3200(mL)となるので，グラフは点(2，3200)を通る。$y＝-700x＋b$に点(2，3200)の座標を代入すると，$3200＝-700×2＋b$より，$b＝4600$となるので，求める式は，$y＝-700x＋4600$である。

⑶　【解き方】2つのグラフの式を求め，それらを連立方程式として解くことで，交点の座標を求める。

加湿器Bのグラフは，2点(2，4200)(7，200)を通るので，右図の
太線部分のようになる。右図の2つのグラフの交点(○印)で，AとB
の水の残りの量が等しくなる。

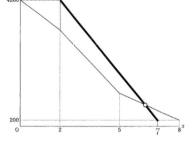

$5 \leqq x \leqq 8$のとき，Aは「弱」で使用しているので，傾きは−300と
なるから，Aの式は$y＝-300x＋c$と表せる。点(8，200)を通るので，
$200＝-300×8＋c$より，$c＝2600$となるから，Aの式は，
$y＝-300x＋2600$である。

Bは傾きが$\frac{200-4200}{7-2}＝-800$だから，式は$y＝-800x＋d$と表せる。点(7，200)を通るので，$200＝-800×7＋d$より，$d＝5800$となるから，Bの式は，$y＝-800x＋5800$である。

Bのグラフのxの変域は$2 \leqq x \leqq 7$だから，$5 \leqq x \leqq 8$と合わせると，交点のx座標は$5 \leqq x \leqq 7$となるはずである。$y＝-300x＋2600$と$y＝-800x＋5800$を連立方程式として解くと，$x＝6.4$，$y＝680$となるから，交点の座標は(6.4，680)であり，$5 \leqq x \leqq 7$を満たす。

よって，求める時刻は，午後6.4時＝午後6時(0.4×60)分＝午後6時24分である。

5 ⑴　同じ大きさの弧に対する円周角は等しいことから，同じ大きさの角を同じ記号
で表すと，右図のようになる。

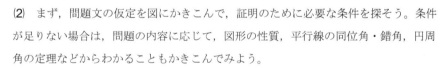

図から，△ABCと相似な三角形は，△AED(△ADE)と△BCE(△BEC)だと
わかる。

⑵　まず，問題文の仮定を図にかきこんで，証明のために必要な条件を探そう。条件
が足りない場合は，問題の内容に応じて，図形の性質，平行線の同位角・錯角，円周
角の定理などからわかることもかきこんでみよう。

⑶　【解き方】∠ABC＝(180°−30°)÷2＝75°，∠CBE＝∠BAC＝30°だから，
∠ABD＝75°−30°＝45°である。したがって，**直角二等辺三角形ができるように
右のように作図する。**

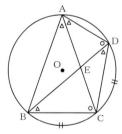

同じ弧に対する円周角は等しいから，∠ACD＝∠ABD＝45°なので，△DCFは
直角二等辺三角形である。

△ABE≡△ACDより，CD＝BE＝4cmだから，DF＝$\frac{1}{\sqrt{2}}$CD＝$\frac{4}{\sqrt{2}}$＝$2\sqrt{2}$(cm)

∠CAD＝∠BAC＝30°だから，△ADFは3辺の比が$1：2：\sqrt{3}$の直角三角形なので，
AD＝2DF＝2×$2\sqrt{2}$＝$4\sqrt{2}$(cm)　　よって，AE＝AD＝$4\sqrt{2}$(cm)

6 ⑴　アとウが正しい。

イ．面ADHEと面JKLIは延長すると交わるから，平行ではない。

エ．辺ＤＨと辺ＫＬは延長すると交わる(同一平面上にある)から，ねじれの位置にはない。

(2)　【解き方】ＭＰ＋ＰＤの長さが最も短くなるようにとるとき，３点Ｍ，Ｐ，Ｄは展開図上で一直線上にある。

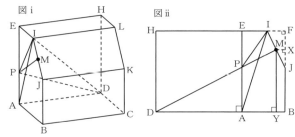

図 i のように，三角すいＡＩＰＤは底面を△ＡＩＰとすると，高さがＡＤ＝10 cmとなる。

図２の面ＥＡＢＪＩと面ＨＤＡＥの展開図について，図 ii のように作図する。

△ＪＩＦについて，中点連結定理より，

$XM = \frac{1}{2}FI = 1$ (cm)，　$FX = \frac{1}{2}FJ = 2$ (cm)

よって，$MY = 9 - 2 = 7$ (cm)，　$DY = 10 + 5 - 1 = 14$ (cm)

△ＤＰＡ∽△ＤＭＹより，ＰＡ：ＭＹ＝ＤＡ：ＤＹ＝10：14＝5：7だから，$PA = \frac{5}{7}MY = \frac{5}{7} \times 7 = 5$ (cm)

$\triangle AIP = \frac{1}{2} \times PA \times EI = \frac{1}{2} \times 5 \times (5-2) = \frac{15}{2}$ (cm²)だから，求める体積は，$\frac{1}{3} \times \frac{15}{2} \times 10 = 25$ (cm³)

(3)　【解き方】高さの等しい三角形の面積比は底辺の長さの比に等しいので，$\triangle AQJ = \frac{JQ}{JC}\triangle ACJ = \frac{2}{2+3}\triangle ACJ = \frac{2}{5}\triangle ACJ$ となる。△ＡＣＪの面積を考える。

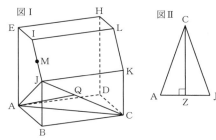

図 I について，△ＢＡＪはＢＡ＝ＢＪ＝5cmの直角二等辺三角形だから，$AJ = \sqrt{2}AB = 5\sqrt{2}$ (cm)

△ＡＢＣについて，三平方の定理より，$AC = \sqrt{AB^2 + BC^2} = \sqrt{5^2 + 10^2} = 5\sqrt{5}$ (cm)

△ＪＢＣについても同様に，$JC = 5\sqrt{5}$ cmとなる。

△ＡＣＪはＡＣ＝ＪＣの二等辺三角形だから，図 II のように作図すると，$AZ = \frac{1}{2}AJ = \frac{5\sqrt{2}}{2}$ (cm)

△ＡＣＺについて，三平方の定理より，$CZ = \sqrt{AC^2 - AZ^2} = \sqrt{(5\sqrt{5})^2 - \left(\frac{5\sqrt{2}}{2}\right)^2} = \sqrt{\frac{225}{2}} = \frac{15\sqrt{2}}{2}$ (cm)

$\triangle ACJ = \frac{1}{2} \times AJ \times CZ = \frac{1}{2} \times 5\sqrt{2} \times \frac{15\sqrt{2}}{2} = \frac{75}{2}$ (cm²)だから，$\triangle AQJ = \frac{2}{5}\triangle ACJ = \frac{2}{5} \times \frac{75}{2} = 15$ (cm²)

— 《2022　英語　解説》 ——————————————

リスニングテスト

問題１　(1)「わあ，見て！かっこいい自転車だ。誰の？」…イ「私のよ」が適当。　　(2)「ルーシー，昨日はどうやって家に帰ったの？」…エ「バスで帰ったわ」が適当。　　(3)「グリーン先生，いつ日本語を勉強し始めましたか？」…イ「15歳のときよ」が適当。

問題２　(1)「拓也はこの夏，１週間旅行します。昨年の夏は海外に行ったので，日本を旅行したいと思っています。その時ひとりで有名な場所を歩くのを楽しんだので，次の旅行でも同じように楽しみたいと思っています。彼にとって１番いいコースはどれですか？」より，１週間の京都旅行のＢが適当。　　(2)「今週末，ケンジはシティアニマルパークで動物と遊ぶイベントに参加します。彼は家で猫を飼っているので，別の種類の動物と遊びたいと思っています。彼が公園に行くことができるのは日曜日の午前中だけです。彼が参加するイベントは何時に始まりますか？」より，日曜日の午前中に犬と遊べる10:30からのイベントが適当。

【放送文の要約】

(1) 質問1「ジェーンはケンタと話しているときにわくわくしていますか?」 (2) 質問2「ケンタは東京でジェーンと最初に何をしたいですか?」 (3) 質問3「ジェーンについて正しいのはどれですか?」

【放送文の要約】

ケンタ　：僕たちの電車はもうすぐ東京に着くよ,ジェーン。(1)ア君はわくわくしているみたいだね。

ジェーン：(1)アええ!東京に行くのは初めてなの。東京で人気の文化が好きなの。若い日本人みたいに買い物を楽しんだり,特別なアイスクリームを食べたりしたいわ。ケンタ,どう思う?

ケンタ　：素晴らしい考えだね。(2)ウでもまず江戸東京博物館に一緒に行きたいんだ。

ジェーン：江戸東京博物館?東京は昔,江戸と呼ばれていたことを知っているわ。そこで何が見れるの?

ケンタ　：そうだね,江戸の歴史と文化が展示されているよ。衣服や食べ物のような江戸時代の人々の生活について学ぶことができるんだ。

ジェーン：興味深いわ。江戸時代のそういうことを知れば,東京をもっと楽しむことができると思うわ。

ケンタ　：僕もそう思うよ。(3)エ文化を理解しようとするなら,新旧の文化を学ぶことが重要だね。

ジェーン：それじゃあ,(3)エ博物館と買い物に行くわ。

問題4 【放送文の要約】

問1(1)「奈美が出発前にする最も大切なことは何ですか?」 (2)「奈美がプレゼンテーションで話す必要があるのは何ですか?」…「彼女は自分の国(=her country)について話す必要がある」が適当。 (3)「毎週金曜日の午後に,誰が奈美と一緒にボランティア活動をしますか?」…people living near the school「学校の近くに住む人」を聞き取る。主語を尋ねる Who will ~?への答えは~will.となる。

問2「サウスハイスクールのボランティア活動について何を質問したいですか?質問を1つ書きなさい」…無理に難しい単語を使う必要はないので,書ける単語を使って文を作ろう。4語以上の条件を守ること。(例文の訳)「子どもたちとどんなスポーツができますか?」

【放送文の要約】

こんにちは,みなさん。私の名前はリンです。サウスハイスクールの先生です。みなさんは来月,私たちと一緒に勉強を始めます。今,私はみなさんが出国する前にしなければならない3つのことについて話します。

まず,(1)イ英語を練習してください。英語でレッスンを受けるので,これはみなさんにとって最も重要なことです。緊張するのはわかりますが,心配しないでください。私たちの生徒がみなさんを助けます。

次に,みなさんは英語の宿題を終えるべきです。(2)みなさんは,自分の国を紹介するプレゼンテーションをしなければなりません。最初の英語の授業でプレゼンテーションの時間があります。

最後はボランティア活動についてです。毎週金曜日の午後,(3)学校の近くに住む人と一緒にボランティア活動をします。子どもと一緒にスポーツをする,森を掃除する,から1つ選んでください。ボランティア活動についてわからないことがあれば,私たちに伝えてください。

また近いうちに会いましょう!

筆記テスト

1 A フミコ「ジョーンズ先生,私は今日,ビッグニュースを聞きました。シェリーのことを聞きましたか?」→ジョーンズ先生「シェリーのビッグニュースだって?Aア何のこと?」→フミコ「彼女は冬にカナダへ帰ることに決めたんです。私はとても悲しいです」→ジョーンズ先生「ああ,それは知らなかったな」

B　ケン「僕は明日，君と買い物に行けないんだ。日を変えることはできる？」→ダニエル「問題ないよ。いつが

いい？」→ケン「B/次の土曜日の午後はどう？」→ダニエル「いいよ。午前中は部活があるからそれがいいよ」

→ケン「ありがとう，ダニエル」

　　C，D　サトル「やあ，キャシー。来週ピアノのコンテストがあるんだって？」→キャシー「そうよ。どうしてそ

れを知っているの？」→サトル「C工昨日，君のお姉さんに駅で会ったんだ。その時彼女が教えてくれたよ。緊張

している？」→キャシー「1か月は緊張していたけど，今はホールのみんなの前でピアノを弾くのを楽しめると思

うわ」→サトル「わあ！D7僕だったら，そんな風には思えないな。どうしてそんな風に考えられるの？」→キャ

シー「何回も練習したからよ。今はきっと上手く弾けるって信じているわ」→サトル「なんてすばらしいんだ！」

2　【本文の要約】参照。

　　問1①　everything のうしろに関係代名詞が省略され，その直後が現在完了 "完了"〈have/has＋過去分詞〉の文に

なる。不要な語は since。　　②　文の途中に疑問詞を含む間接疑問の文だから，疑問詞の後ろは how you have

improved …のように肯定文の語順となる。

　　問2　メールの内容から，ウ「彼は日本での滞在を楽しんだ」が適当。

　　問3　三味線を弾くことで日本の伝統的な音楽への理解を深めた幸に対して，「僕も」と言った裕二の言葉だから，

エ「でも僕は今ではそれについてもっと知りたいです」が適当。

　　問4　「裕二と幸が文化祭でトムと三味線を弾くことにしたのはなぜですか？」　ア「なぜならトムは×日本の学校

で日本の伝統的な音楽の文化を学ぶことができるからです」　イ「裕二と幸は，×オーストラリアの人々のために

三味線を一生懸命練習してきたからです」　ウ「なぜなら×インターネットを使って日本の伝統的な音楽の文化を

学ぶことが重要だからです」　エ○「三味線を一緒に弾くことで，日本の伝統的な音楽の文化を楽しむことができ

るからです」

【本文の要約】

やあ，裕二と幸，

オーストラリアから君たちに手紙を書いているよ。日本でしてくれたすべてのことに感謝している。僕は特に僕らが受

けた音楽の授業が好きだったよ。一緒に三味線を弾くのはとても楽しかったよ。学校で伝統的な音楽を勉強するのはと

ても素敵だと思うよ。君たちはまだ三味線を練習しているよね？一緒に弾いて以来，どれくらい三味線の技能を向上さ

せたか教えてよ。僕もここで一生懸命練習するよ。　　　　　　　　　　　　　　　　　　　　　　　　　　　トム

裕二　　　：スミス先生，トムからメールが届きました。こんなにすぐに彼から手紙をもらえるなんてうれしいです。

スミス先生：トムから？見せて。ああ，問2ウ彼が日本での生活を楽しんでくれてうれしいよ。

裕二　　　：彼はこの写真も送ってくれました。音楽の授業で一緒に三味線を弾きました。

スミス先生：三味線は日本の伝統的な楽器だよね？

幸　　　　：はい。歌舞伎の音楽を習ったときに勉強しました。

スミス先生：私は以前，東京で歌舞伎を見たことがあるよ。歌舞伎役者が何を言っているのか理解できなかったよ。で

　　　　　　も演技や音楽から話が少しわかったよ。

幸　　　　：本当ですか？三味線は歌舞伎の重要な道具です。なぜなら，人々が登場人物の気持ちを理解するのに役立

　　　　　　つからです。私たちの音楽の先生はそう言っていました。三味線を弾くことで，伝統的な日本の音楽への

　　　　　　理解が深まりました。

裕二　　　：僕もです。最初は伝統的な日本の音楽にはあまり興味がありませんでした。問3エ<u>でも，今ではそれについてもっと知りたいです</u>。三味線をもっと練習すれば，その音色がもっと興味深くなると思います。

スミス先生：それはすばらしい！三味線を弾くことでやる気になったんだね。

幸　　　　：実際，私たちの技能は向上しています。文化祭で三味線パフォーマンスを披露します。

裕二　　　：幸，アイデアがあるんだ！文化祭で一緒に三味線を弾いてくれるように，トムに頼むのはどう？インターネットを使えば一緒に弾けるよ！

幸　　　　：なんて素敵な提案なの！三味線を一緒に弾くことによって，きっと私たち全員が伝統的な音楽の文化をもっと楽しむことができるわ。彼のオーストラリアの友達とも共有できるわね。

スミス先生：それは本当にわくわくするね！

③ 【本文の要約】参照。

　　問1　「ヒロシはトシコと話すために何を使いましたか？」…第2段落1行目より，インターネットを使ったことがわかる。4語以上で答える。

　　問2　benefits「利点」の意味がわからなくても，前後の内容から類推することができる。

　　問3　代名詞などの指示語の指す内容は直前にあることが多い。ここでは，同じ文の前半部分を指している。

　　問4　ア「ヒロシの先生は，×英語を上手に使っている人を紹介するように言った」　イ×「ヒロシは果物と天気に関する情報を共有することで，トシコにいくつかのアイデアを与えました」…本文にない内容。　ウ○「トシコは新しい技術を使って果物農家としての働き方を変えました」　エ×「ヒロシはクラスメートの前でスピーチをする前に，アスカと祖母について話しました」…本文にない内容。　オ○「アスカの意見では，トシコのウェブサイトを見た人々は，トシコの農業に関する考えに影響を受けるでしょう」　カ「ヒロシは将来，×<u>新しい技術を使わずに</u>，より良い社会を作ることを決意しました」

　　問5　「あなたが英語を学ぶ時，どのように新しい科学技術を利用しますか？」…（例文の訳）「私は外国人と話すためにインターネットを使います」

【本文の要約】

　ヒロシは中学生です。ある日，英語の授業で，先生は「私たちの周りは，多くの種類の新しい科学技術であふれています。コンピュータ，インターネット，ＡＩが最適な例です。それらを上手に使っている人を知っていますか？次の学習課題では，授業で1人の人をみなさんに紹介してほしいと思います」と言いました。それでその夜，家でヒロシは母に尋ねると，彼女は彼に「あなたのおばあちゃんのトシコは，新しい科学技術を上手に使っているわ」と言いました。

　問1数日後，ヒロシはトシコとインターネットで学習課題について話しました。彼女は「まあ，ご存知の通り私は果物農家よ。私はこれまで科学技術をあまり利用していなかったの。でも今は毎日使っているわ。新しい科学技術を利用することには多くの利点があるわ。ウェブサイトから天気に関する情報を集めているの。記録を残すことで自分の果物の成長を理解でき，その情報を日本各地に住む研究者や農家と共有することができるの。そうすれば，私は彼らから良いアイデアを得ることができ，私の果物をより大きく，よりおいしくすることができるわ。今では果樹に水を与える必要はないわ。ＡＩ技術がその仕事を代替することができるから。また，インターネットを利用して，より多くの果物を売ることができるわ。このようにして，問4ウ<u>新しい科学技術は私の働き方を変え，より良くしてくれたわ</u>。私のウェブサイトでは，他の農家によりおいしい果物を育てるのに役立つ新しい科学技術の使い方を紹介しているわ」と言いました。ヒロシはクラスメートに彼女のことを話すことにしました。

１か月後，ヒロシはクラスメートの前でスピーチをしました。スピーチの後，クラスメートのアスカは「おばあちゃんのウェブサイトの話が気に入ったわ。彼女は農業で新しい科学技術を利用することについての自分の考えを公開しているのね。彼女のウェブサイトに人々が興味を持つことを願うわ。彼らがそれを見れば，彼女の果物の育て方を学ぶわ。問4オそれから，彼らは彼女の影響を受けて，同じように働き始めるの。私は本当に彼女を尊敬するわ」と言いました。

ヒロシはそれを聞いてとてもうれしかったです。彼はアスカに「新しい科学技術を効果的に利用することは，多くの人々の生活を変えてきたよ。これについてもっと学び，将来，より良い社会を作りたいと思うよ」と言いました。

4 無理に難しい表現は使わなくてもいいので，文法・単語のミスがないこと，そして内容が一貫していることに注意しながら文を書こう。書き終わった後に見直しをすれば，ミスは少なくなる。（Aの例文）「私はサムと日本の野球の試合を見たいです。私たちは自分の国出身のお気に入りの選手について話すことができます。そのとき雨が降ってきたら，一緒に和食を作ることができます」　（Bの例文）「私はサムが好きな和食を作って，一緒に食べて楽しみたいです。スポーツ観戦だとあまり話せないですが，一緒に料理することでよりたくさん話すことができます」

―《2022　理科　解説》―

1 問1　マツの雌花のりん片（ア）には胚珠が，雄花のりん片（イ）には花粉のうがついている。

問2　アブラナとマツはともに，種子をつくる種子植物である。アブラナは子房があり，果実をつくる被子植物，マツは子房がなく胚珠がむき出しになっている裸子植物である。なお，3はシダ植物とコケ植物の特徴である。

問4　スギナ，ゼンマイはシダ植物，イチョウは種子植物の裸子植物，イネは種子植物の被子植物である。

2 問2　ヨウ素液はデンプンにつけると青紫色に変化するので，デンプンについて調べているのはヨウ素液を加えたAとCである。また，デンプンが分解されて糖ができると，ベネジクト液を加えて加熱したときに赤褐色の沈殿ができるので，ベネジクト液に反応する糖について調べているのはベネジクト液を加えたBとDである。

問3(2)　2は腎臓，3は心臓のはたらきである。

3 問1　うすい硫酸と水酸化バリウム水溶液の中和では，硫酸バリウムと水ができる〔$H_2SO_4＋Ba(OH)_2→BaSO_4＋2H_2O$〕。

問2　問1の化学反応式からもわかるように，化学変化の前後で物質をつくる原子の組み合わせは変わるが，原子の種類と数は変化しない。

問3　うすい塩酸と炭酸水が反応すると二酸化炭素が発生する。このため，容器のふたを開けると気体が発生して圧力が大きくなった容器内の気体が容器の外へ出ていくので，容器全体の質量は減少する。

4 問1(1)　亜鉛と銅のうち，イオンになりやすい亜鉛が電子を放出してイオン〔Zn^{2+}〕になり，水溶液中に溶け出す。

(2)(3)　亜鉛が放出した電子は導線を通って銅板へ移動し，銅板の表面で銅イオンが電子を受け取って銅原子となる〔$Cu^{2+}＋2e^-→Cu$〕。

問3　燃料電池は，水の電気分解の逆の反応〔$2H_2＋O_2→2H_2O$〕を利用して電気エネルギーをとり出すしくみである。

5 問1(1)　金属はプラスチックや紙よりも熱を伝えやすい。　　　(2)　露点とは，空気中の水蒸気量が飽和水蒸気量に達し，水蒸気が水滴になって出てくる温度のことである。よって，結果より露点は 17.0℃ である。

問2　図2より，乾球の読みは 22℃，乾球と湿球との目盛りの読みの差は 4℃だから，表1より湿度は 66％ である。表2より，22℃での飽和水蒸気量は 19.4 g／㎥だから，空気 1 ㎥中の水蒸気量は 19.4×0.66＝12.804→12.8 g となる。

問1　太陽の日周運動は地球の自転によって起こる見かけ上の運動である。

問2　図2より，太陽は透明半球上を1時間に 4.0 ㎝動くことがわかる。よって，15.4 ㎝動くのにかかる時間は $\frac{15.4}{4}$＝3.85(時間)→3時間51分だから，午前9時の3時間51分前の午前5時9分である。

問3(1)　図1のアは冬至，イは夏至の日の太陽の道すじである。冬至の日の太陽は南中高度が低く，真東よりも南寄りからのぼり，真西よりも南寄りにしずむことがわかる。

7　問1　つまようじの像は鏡に対して対称な位置(図i)に見える。P点と像を結んだときに鏡と交われば像が見える。よって，AとBは見えるがCは見えない。

図i

鏡

A　B　C　P

問2(1)　光が空気からガラスへ入るとき，境界面で入射角＞屈折角となるように屈折するので，光が境界面から遠ざかるように進む2が正答である。　　(2)　光がガラスから空気へ入るとき，境界面で入射角＜屈折角となるように屈折する。入射角を大きくしていくと，屈折角も大きくなっていき，やがて光が境界面ですべて反射する全反射が起こる。

8　問2　浮力は水中にある物体にはたらく上向きの力である。水面から物体Aの下面までの距離が 2.0 ㎝のときばねばかりの値は 0.44Nを示すので，0 ㎝のときのばねばかりの値が 0.60Nであることから，浮力は 0.60－0.44＝0.16(N)となる。

問3　①水深が深いほど水圧が大きくなる。

問4　問2解説より，Aにはたらく重力は 0.60Nだから，ばねばかりの値が 0.40Nを示しているとき，Aが水平な台に加える力は 0.60－0.40＝0.20(N)である。〔圧力(Pa)＝$\frac{力(N)}{面積(㎡)}$〕，8.0 ㎠→0.0008 ㎡より，$\frac{0.20}{0.0008}$＝250(Pa)となる。

──《2022　社会　解説》──

1　問1　2　　天智天皇の死後，天智天皇の弟である大海人皇子と天智天皇の子である大友皇子による継承争いが壬申の乱である。勝利した大海人皇子が天武天皇として即位した。

問2　㋑御恩　㋺奉公　　将軍と御家人は，土地を仲立ちとした御恩と奉公によって結ばれていた。将軍は，御家人の古くからの領地を保護したり，御家人を新たな土地の地頭に任じたりし，御家人は，京都や鎌倉の警備をしたり，緊急時には「いざ鎌倉」と将軍のもとに集まったりした。

問3　参勤交代　　凡例に「領地と江戸の往復」とあることから，参勤交代と判断する。参勤交代は，江戸幕府の第三代将軍・徳川家光が武家諸法度に初めて追加した法令である。

問4　3→4→2→1　　五箇条の御誓文(1868 年)→民選議院設立建白書の提出(1874 年)→内閣制度創設(1885 年)→外日本帝国憲法発布(1889 年)

問5(1)　ア＝3　イ＝2　ウ＝4　　1は江戸時代である。2は室町時代(中世)，3は奈良時代・平安時代(古代)，4は明治時代(近代)。　(2)　商品作物を売って貨幣を手に入れること，身の回りの必要な品を貨幣で買うことが書かれていればよい。

2　問1　㋑a　㋺d　　教育勅語は，天皇と国への「忠君愛国」および親への「孝」を基本とする教えであった。北里柴三郎は破傷風菌の血清療法の発見で知られる細菌学者。夏目漱石は『坊ちゃん』などで知られる作家。

問2　綿糸の輸出量が輸入量を上回ったこと，軽工業において産業革命が進み大量生産ができるようになったことが書かれていればよい。

問3　㋑ベルサイユ　㋺あ　　ベルサイユ講和条約はパリ講和会議で結ばれた。ウィルソンは第一次世界大戦中に

十四か条の平和原則の中で民族自決を唱えたアメリカの大統領である。レーニンはロシア革命の指導者である。

問4　記号＝Y　1960年の前後にアフリカ諸国の多くが独立したため，1960年はアフリカの年と言われる。

③ 問1　ブラジル＝6　フランス＝1　ブラジルの首都はブラジリア，フランスの首都はパリである。ブラジルは日本のほぼ真裏に位置する。フランスは，イギリス同様本初子午線が通る国である。

問2　Z　ｂはオセアニア州である。オーストラリア大陸は世界最小の大陸であり，オセアニア州はオーストラリア・ニュージーランドと南太平洋の島々で構成される。アジア州＞アフリカ州＞ヨーロッパ州＞北アメリカ州＞南アメリカ州＞オセアニア州の順である。

問3　米…R　大豆…Q　アジア州の中国で生産量が多いRが米，フランスで生産量が多いPが小麦だから，Qが大豆である。

問4　記号…オ　中国の特色については，経済特区を設けたこと，外国企業を受け入れたことが書かれていればよい。中国は，1980年代までは繊維などの軽工業がさかんだったが，重工業化に成功し「世界の工場」と言われるほど，工業製品の輸出量が多くなったから，オを選ぶ。アはエジプト，イはブラジル，ウはアメリカ，エはフランス，カはオーストラリア。

④ 問1　近畿／関東　資料Ⅰを読み取ると，［1980年から人口が増えている都道府県の数／減っている都道府県の数］は，北海道地方［0／1］，東北地方［1／5］，関東地方［7／0］，中部地方［5／4］，近畿地方［6／1］，中国・四国地方［2／6］，九州地方［2／6］である。人口が100万人以上の都市は東京23区を除くと多い順に，横浜市（関東）＞大阪市（近畿）＞名古屋市（中部）＞札幌市（北海道）＞福岡市（九州）＞川崎市（関東）＞神戸市（近畿）＞京都市（近畿）＞さいたま市（関東）＞広島市（中国四国）＞仙台市（東北）。条件1にあてはまるのは，関東地方・中部地方・近畿地方，条件2にあてはまるのは，関東地方・近畿地方である。

問2　X＝C　Y＝A　豚の飼育頭数は，鹿児島県＞宮崎県＞北海道＞群馬県＞千葉県の順に多い。乳牛の飼育頭数は，北海道＞栃木県＞熊本県＞岩手県＞群馬県の順に多い。

問3(1)　い　②は長野県松本市である。内陸の松本市は，夏と冬の気温の差が大きく，1年を通して降水量が少ない内陸性の気候に属する。①の新潟県上越市は冬の降水量が多い日本海側の気候の「え」，③の岡山県岡山市は，比較的温暖で，1年を通して降水量が少ない瀬戸内の気候の「う」，④の高知県高知市は，比較的温暖で，夏の降水量が多い太平洋側の気候の「あ」である。　(2)　冷涼な気温を好むレタスを長野県では夏に，温暖な気候を好むなすを高知県では冬に出荷していることを読み取る。植物の生長を早める促成栽培，成長を遅くする抑制栽培をしっかりと理解したい。

問4(1)　3　北九州工業地帯の中心地である福岡県で，1960年代に発展し，その後割合が低くなっている品目であることから鉄鋼と判断する。エネルギー革命によって，北九州工業地帯は重化学工業の割合が急激に減った。

(2)　ＩＣ工場＝Q，イ　石油化学コンビナート＝S，ア　ＩＣ工場は，九州地方や関東内陸に多く分布するからQ，石油化学コンビナートは，千葉県・岡山県，山口県などの沿岸部に立地するからSである。太平洋ベルトと北関東に広がるRは自動車組み立て工場である。

⑤ 問1　ⓐA　ⓑ公共の福祉　自由にものを考え，意見を発表するのは，表現の自由にあてはまる。日本国憲法第12条に，「この憲法が国民に保障する自由及び権利は，国民の不断の努力によって，これを保持しなければならない。また，国民はこれを濫用してはならないのであって，常に公共の福祉のためにこれを利用する責任を負う」とある。

問2　Ⓧ内閣総理大臣を指名する　Ⓨエ　特別会は，衆議院の解散後に行われた衆議院議員総選挙から30日以

内に開かれる国会である。冒頭で内閣が総辞職し，内閣総理大臣の指名が行われる。9月28日に臨時会の召集後，衆議院の解散が宣言され，10月22日に衆議院議員総選挙を実施，その後，11月1日に特別会が召集された。

問3　X＝政府　あ＝税　　Y＝企業，Z＝家計，い＝労働力，う＝公共サービス

問4　㋑b　㋩d　㋬e　　2011年を1ドル＝80円，2015年を1ドル＝120円と読み取ると，1ドルと交換するのに必要な円が多くなっているので，円の価値が下がっていることになる(円安)。例えば，日本円で12000円の商品を輸出した場合，1ドル＝80円のときには，12000÷80＝150(ドル)，1ドル＝120円のときには，12000÷120＝100(ドル)になるので，アメリカでの価格は安くなり，日本からの輸出業者に有利にはたらく

問5　高齢者の割合が増えること，高齢者1人に対する現役世代(15～64歳)の人数が少なくなることを読み取る。つまり，少ない人数で多くの高齢者を支えていかなければならないということになる。

問6　S　　PとSは安全保障理事会である。安全保障理事会は，5の常任理事国と10の非常任理事国から構成される。安全保障理事会の議決では，常任理事国の中の1国でも反対すると，その議案は否決される。これを拒否権という。常任理事国は非改選でアメリカ・イギリス・フランス・ロシア・中国の5か国。非常任理事国は2年ごとに改選され，2期連続はできない。Rは総会で，加盟国がそれぞれ1票ずつを投票する。

6　**問1**　資料Ⅰから年平均気温が年々上昇していること，資料Ⅱから海面水位が年々上昇していること，資料Ⅲから温室効果ガスの1つである二酸化炭素の排出量が年々増えていることを読み取る。

問2　資料Ⅴを読み取ると，産業部門の二酸化炭素排出量は2000年をピークに減少傾向にあるが，家庭部門の二酸化炭素排出量は1990年と比べて増えていることを読み取る。ウには，家庭でできる3Rの1つを書けばよい。

■ ご使用にあたってのお願い・ご注意

（1）問題文等の非掲載

著作権上の都合により，問題文や図表などの一部を掲載できない場合があります。

誠に申し訳ございませんが，ご了承くださいますようお願いいたします。

（2）過去問における時事性

過去問題集は，学習指導要領の改訂や社会状況の変化，新たな発見などにより，現在とは異なる表記や解説になっている場合があります。過去問の特性上，出題当時のままで出版していますので，あらかじめご了承ください。

（3）配点

学校等から配点が公表されている場合は，記載しています。公表されていない場合は，記載していません。

独自の予想配点は，出題者の意図と異なる場合があり，お客様が学習するうえで誤った判断をしてしまう恐れがあるため記載していません。

（4）無断複製等の禁止

購入された個人のお客様が，ご家庭でご自身またはご家族の学習のためにコピーをすることは可能ですが，それ以外の目的でコピー，スキャン，転載（ブログ，ＳＮＳなどでの公開を含みます）などをすることは法律により禁止されています。学校や学習塾などで，児童生徒のためにコピーをして使用することも法律により禁止されています。

ご不明な点や，違法な疑いのある行為を確認された場合は，弊社までご連絡ください。

（5）けがに注意

この問題集は針を外して使用します。針を外すときは，けがをしないように注意してください。また，表紙カバーや問題用紙の端で手指を傷つけないように十分注意してください。

（6）正誤

制作には万全を期しておりますが，万が一誤りなどがございましたら，弊社までご連絡ください。

なお，誤りが判明した場合は，弊社ウェブサイトの「ご購入者様のページ」に掲載しておりますので，そちらもご確認ください。

■ お問い合わせ

解答例，解説，印刷，製本など，問題集発行におけるすべての責任は弊社にあります。

ご不明な点がございましたら，弊社ウェブサイトの「お問い合わせ」フォームよりご連絡ください。迅速に対応いたしますが，営業日の都合で回答に数日を要する場合があります。

ご入力いただいたメールアドレス宛に自動返信メールをお送りしています。自動返信メールが届かない場合は，「よくある質問」の「メールの問い合わせに対し返信がありません。」の項目をご確認ください。

また弊社営業日（平日）は，午前9時から午後5時まで，電話でのお問い合わせも受け付けています。

2025 春

株式会社教英出版

〒422-8054　静岡県静岡市駿河区南安倍3丁目 12-28

TEL　054-288-2131　　FAX　054-288-2133

URL　https://kyoei-syuppan.net/

MAIL　siteform@kyoei-syuppan.net